AF394184

Clásicos españoles

EL CONDE LUCANOR
de
Don Juan Manuel

Editado por: Joaquín Esteban
ISBN-13: 978-1505686142
ISBN-10:1505686148

Primera edición: 2014
Segunda edición: 2017

INDICE:

El libro de los cuentos del Conde Lucanor y Patronio

Don Juan, hijo del muy noble infante don Manuel, escribió este libro deseando que los hombres hiciesen en el mundo obras tales que les fuesen de provecho para sus honras, haciendas y estados, y estuviesen más cerca del camino de salvación de sus almas. Puso en el libro los cuentos más provechosos que él conocía acerca de las cosas que suceden, para que los hombres pudiesen conseguir lo ya expresado. Maravilla sería si de lo que sucede a cualquier hombre no se hallara en esta obra parecido con lo que ocurrió a otro.

Porque don Juan sabe y ha visto que al copiar los libros suceden muchos errores, pues las letras entre sí se parecen -pensando de una letra que es otra, al escribir, cambia todo el sentido y, por desgracia, se confunde-, y los que encuentran después aquello escrito, culpan al autor del libro, porque se receló de esto, ruega a los lectores de cualquier libro copiado de los que él compuso o redactó, que si encuentran alguna palabra mal puesta, no lo culpen a él hasta que vean el original que el mismo don Juan escribió, el cual está corregido, en muchos lugares, con su letra. Y los libros que ha escrito hasta aquí son éstos: *la Crónica abreviada*, el *Libro de Los sabios*, el *Libro de La caballería*, el *Libro del infante*, el *Libro del caballero y del escudero*, el *Libro del conde*, el *Libro de La caza*, el *Libro de Los ingenios* y el *Libro de los cantares*. Estos libros se conservan en el monasterio de los Dominicos que él construyó en Peñafiel.

Pero cuando vieren las obras que él mismo escribió, no culpen a su intención por los errores que encontraren en ellas, sino que a la escasez de su entendimiento, porque osó entremeterse a hablar de tales asuntos. En todo caso, Dios sabe que lo acometió con la intención de que se aprovechasen de su contenido quienes fueren ni muy letrados ni muy sabios. Por ello escribió todas sus obras en castellano: esa es señal cierta de que las compuso para los legos y seres de no mucho saber, como es él.

De aquí en adelante se inicia el prólogo del

LIBRO DE LOS CUENTOS DEL CONDE LUCANOR Y DE PATRONIO.

Prólogo

En el nombre de Dios, amén.

Entre muchas cosas extrañas y maravillosas que hizo Dios Nuestro Señor, tuvo por bien realizar una notable: de cuantos existen en el mundo, no hay uno que sea igual a otro en el rostro; pues, a pesar de que todos los hombres tienen, unos y otros, las mismas cosas en las caras, éstas no se igualan entre sí. Y si en los rostros, en que se encuentran tan pequeñas cosas, hay tan enormes diferencias, menor maravilla es que haya desigualdades en la voluntad e intenciones humanas. Así, encontraréis que nadie se parece del todo a otro ni en la voluntad, ni en la intención. Para que mejor lo entendáis, os pondré algunos ejemplos.

Todos los que quieren y desean servir a Dios aman una misma cosa, mas no todos lo sirven de la misma manera, pues unos lo hacen de un modo, y los demás de otro distinto.

Asimismo, los que sirven a los señores, todos les procuran atenciones, mas no los atienden igualmente. Y los que labran, crían animales, juegan, cazan y hacen las restantes actividades, todos las acometen, mas ninguno las entiende ni realiza de modo semejante. Por este ejemplo, y por otros que sería larguísimo enumerar, podréis entender que, a pesar de ser todos los hombres parecidos y disponer todos de voluntad e intenciones, así como tan poco se asemejan en las caras, tan poco se igualan en las dichas intenciones y voluntades. Se parecen, empero, en aquello de que todos usan, quieren y aprenden mejor aquellas cosas que les satisfacen más que otras. Y porque cada hombre aprende mejor aquello que más le agrada, por eso quien desea mostrar alguna cosa a otro, débelo hacer del modo que sepa más grato al aprendiz. Por ello a muchos ciertas cosas sutiles no les llegan al entendimiento, porque no las comprenden bien, ni se complacen en leer ni aprender lo que se encuentra escrito en ciertos libros. Y porque no sienten agrado, no lo pueden conocer ni saber como les cumpliría.

Por lo mismo, yo, don Juan, hijo del infante don Manuel, Adelantado Mayor de la frontera y reino de Murcia, escribí este libro, adornado con las palabras más donosas que pude encontrar; puse en él algunos ejemplos que podrán ser útiles a quienes los escuchen. Todo lo cual hice al modo de los médicos que, cuando desean preparar alguna medicina que mejore al hígado, por aquello de que dicho órgano se complace naturalmente de lo dulce, mezclan azúcar, miel o algo dulce con aquella medicina con que quieren curar al hígado. Por el agrado que manifiesta el hígado hacia lo dulce, atrayéndolo a sí, conlleva la medicina que le ha de servir. Semejante operación hacen los médicos con cualquier órgano que requiere de medicinas: siempre las suministran con algo que dicha víscera atraiga naturalmente. A semejanza de lo dicho, con la merced divina, será escrito este libro; quienes lo leyeren, si reciben agrado de las cosas de provecho que en él se encuentran, será para bien; hasta los que no entiendan del mismo modo, deberán coincidir en que su lectura, por las donosas y halagüeñas palabras empleadas, han vislumbrado enseñanzas provechosas mezcladas en el texto. Aunque no lo deseen, éstas les serán de utilidad, así como el hígado y los otros órganos se sirven de las medicinas que se mezclan con aquellas cosas que les agradan.

Dios, que es infinitamente bondadoso, causa de todos los buenos sucesos, quiera, por su merced y piedad, que los lectores de este mi libro reciban de él provecho para servicio de Nuestro Señor, para salvación de sus almas y buenaventura en este mundo. Él sabe que yo, don Juan, lo digo con tal intención. Lo que encontraren que en sus páginas no está tan bien dicho, no lo achaquen a mi deseo; culpen la falta de mi entendimiento. Si, al revés, encontraren alguna cosa bien dicha o de provecho, agradézcanlo a Dios, pues por Él los buenos dichos y hechos se dicen y se hacen.

Terminado, pues, el prólogo, de aquí en adelante empezaré la materia del libro, al modo de un gran señor que habla a su consejero.

Al señor le llamaban conde Lucanor y al consejero, Patronio.

Ejemplo primero

DE LO QUE SUCEDIÓ A UN REY CON SU MINISTRO

Sucedió una vez que el conde Lucanor estaba hablando en intimidad con Patronio, su consejero, y le dijo:

–Patronio, me ocurrió que un hombre noble, honrado y poderoso, que da a entenderse como gran amigo mío, hace pocos días me dijo en secreto que, por algo que le sucede, era su deseo extrañarse de este lugar y por nada volver a él. Me agregó que por la amistad y confianza que a mí guardaba, era su deseo dejarme sus posesiones, una parte vendida y la otra a mi custodia. Lo que quiere me parece de honra y provecho para mí. Aconsejadme qué os parece esto.

Respondió Patronio:

–Creo, señor conde Lucanor, que mi consejo no os hace gran falta, pero si es vuestro deseo que os manifieste cómo me parece este hecho y os aconseje acerca de él, os obedezco. Primeramente, os aseguro que vuestro amigo no os dijo eso sino por probaros y parece que os sucedió con él como a un rey con un ministro suyo.

El conde le rogó que le relatara aquello.

–Señor conde Lucanor –prosiguió Patronio–, había un rey que confiaba enteramente en un ministro suyo. Como no puede ser que los hombres afortunados dejen de despertar envidias, éste, por la confianza y buena suerte de que disfrutaba, concitó las mayores envidias de los restantes ministros, quienes se esforzaron por indisponerle ante el rey, su señor. A pesar de lo mucho que en su contra hablaron, nunca consiguieron que el rey lo destituyese, ni siquiera dudase de su lealtad. Desde el instante en que comprendieron que por ese camino nada lograrían, dieron a entender al monarca que el ministro tramaba su muerte para apoderarse del pequeño heredero. Una vez que se hubiese apoderado del reino, vería modo de que el heredero desapareciese para subir él al trono. Hasta entonces no habían hecho sospechar al rey de su ministro, pero desde que le contaron aquello, no pudo quedarse sin recelar. Y pues las cosas dañinas no se pueden deshacer una vez hechas, el hombre cuerdo no debe esperar hasta las pruebas; por ello, desde que el rey cayó en duda y sospecha, aunque muy receloso, todavía no quiso iniciar nada contra su ministro, hasta saber la verdad.

Quienes deseaban indisponer al ministro, le mostraron a su señor un modo muy sutil para probar la verdad de lo que ellos le afirmaban. Informaron muy bien al rey, como oiréis, acerca de la manera en que tenía que hablar con su ministro, y él se decidió a hacerlo.

Al cabo de unos días, hablando el rey con su ministro, en medio de la conversación empezó a darle a entender que despreciaba la vida de este mundo y toda forma de vanidad. En esa oportunidad no le agregó más.

A pocos días de esto, hablando otra vez con aquel hombre de toda su confianza, pasó de otro tema al ya tratado y volvió a afirmarle que cada día estaba menos satisfecho de la vida de este mundo y de las costumbres que en él veía. Tantos días y veces le repitió esto, que el ministro comprendió que el rey para nada se satisfacía con los honores mundanos, ni con las riquezas, ni con los beneficios de ellas, ni con los placeres de este mundo.

Cuando el rey vio que el ministro comprendía sus intenciones, le agregó con cierta oportunidad que había pensado dejar la corte e irse en destierro a lugar extraño y apartado donde hiciese penitencia de sus pecados. Por ese camino pensaba que Dios le haría merced, dándole gracia para ganar el paraíso.

Al oírlo, el ministro se admiró y le mostró las muchas razones por que no debía ponerlo en práctica, entre otras, por la ofensa a Dios que significaría dejar tantos súbditos como tenia en su reino –hasta entonces mantenidos en paz y justicia–; insistió el ministro en que, desde el momento mismo de la partida, se alzarían entre ellos intrigas y grandes contiendas, de lo cual Dios recibiría afrenta y la región grandes perjuicios; y aunque por todo esto no dejara de hacerlo, debía evitarlo por mujer la reina, y por el hijo tan pequeño que dejaba; de lo contrario peligrarían tanto sus vidas como su hacienda.

A todo esto añadió el rey que antes de disponerse a partir tenía pensado cómo hacer para que su mujer e hijo fuesen servidos y la tierra protegida. Todo lo cual era fácil, pues él, que había criado y hecho tanto bien a su ministro, bien conocía su lealtad y sus buenos servicios; por la misma razón, confiaba en él más que en nadie, y gustosamente le daba en custodia su mujer e hijo, además de poner a su orden las fortalezas y plazas fuertes del reino, para que nadie pudiese hacer algo en perjuicio del heredero. Estaba seguro, además, de que al regreso encontraría todo igual, y en caso de ocurrir su muerte, de que su ministro de confianza honraría mucho a la reina y daría buena crianza a su hijo, para quien conservaría el reino en buen orden hasta que pudiese gobernar por sí. De este modo pensaba que lo suyo quedaría en buenas manos.

Cuando el ministro oyó al rey que deseaba confiarle el reino y su hijo, aunque cuidó de no exteriorizarlo, sintióse muy complacido, pensando que, con todo en su poder, podría actuar como quisiera.

Tenía el ministro en su casa a un cautivo, hombre sabio y gran filósofo. Para cuanto debía hacer y cuantos consejos tenía que dar al rey, aquel ministro actuaba aconsejado por él. Por ello, luego de separarse del monarca, relatóle a su cautivo lo sucedido, dándole a entender su satisfacción por el deseo real de dejar en poder suyo sus tierras y su hijo.

Cuando el filósofo escuchó el relato y se impuso de que el rey entendió que su señor deseaba apoderarse del heredero y del trono, comprendió el gran yerro, le reconvino y le advirtió que peligraban su existencia y sus bienes; que todo aquello manifestado por el monarca no era verdad sino artificio propuesto por quienes le querían mal, para probarlo. Desde que el rey entendió que la idea le agradaba –agregó el filósofo– su vida y su hacienda estaban en gran estrecho.

A oír esas palabras, el ministro se afligió al comprender la verdad de lo que le decía su cautivo. Este, al verle tan cuitado, le aconsejó el modo de librarse del peligro por que atravesaba.

Y la manera fue la siguiente: esa misma noche fuese el ministro a raer la cabeza y la barba; buscó una vestidura vieja y despedazada, como la que llevan los limosneros en sus peregrinaciones, un bastón, zapatos rotos bien ferrados; entre las costuras de su vestido colocó una gran suma de monedas de oro. Antes del amanecer fue a la puerta del palacio y encomendó al portero dijese al rey, con mucho secreto, que se levantara, para partir antes del despertar de la gente, pues él le esperaba. Maravillado el ujier de verlo venir con tal vestidura, fue junto al monarca y comunicóle lo que le encomendó el ministro. El rey, admirado, ordenó que le dejara entrar.

Al verlo venir así, le preguntó la causa. El ministro le respondió que como sabia que era inquebrantable su deseo de desterrarse y él nunca desconocería cuanto bien le debla; pues le correspondía parte de la honra y del bien reales -como a todo súbdito-, también era justo que en momentos de desgracia o de destierro tuviese su parte. Y ya que él, como rey, no se dolía de apartarse de su mujer y de su hijo, del reino y de lo que en él dejaba, no era justo que su ministro se fijara en sus propios bienes; por lo cual determinaba acompañarle de modo disimulado. Todavía más, llevaba tanto dinero escondido entre sus vestiduras que les seria bastante para toda su vida. Y si hablan de irse, que lo hicieran pronto, antes de ser descubiertos.

Cuando el rey escuchó aquello que le decía su ministro, comprendió que se lo dictaba la lealtad, se lo agradeció mucho, relatándole cómo estuvo a punto de ser engañado por los envidiosos, y le manifestó que la causa de todo había sido su deseo de probarle.

De tal modo el ministro casi fue, a su vez, engañado por su codicia y preservado de ella por consejo del cautivo que vivía en su casa.

Vos, señor conde Lucanor, es necesario que os guardéis de engaño por quien se dice amigo vuestro. Estad cierto de que lo que os dijo fue para probar si puede confiar en vos. Conviene que le deis a entender que buscáis su honra y beneficio y no cosa alguna de lo suyo, pues es cierto que nada codiciáis. Si no se guardan esos dos bienes al amigo, la amistad no puede perdurar.

El conde se consideró bien aconsejado por Patronio, siguió sus indicaciones, y le fue muy beneficioso.

Comprendiendo don Juan que era bueno este cuento, lo hizo escribir en el presente libro y agregó estos versos que contienen su moraleja:

No imaginéis que el amigo más pintado
por otro recibe daño con agrado.

Y, además, estos otros:

Por la piedad de Dios y por buen consejo,
sale el hombre de cuita y cumple su deseo.

Ejemplo II

**DE LO QUE SUCEDIÓ A UN HONRADO CAMPESINO
CON SU HIJO**

Otra vez acaeció que el conde Lucanor expresaba a su consejero, Patronio, su preocupación por algo que debía realizar, pues, de hacerlo, sabía que muchas personas lo criticarían y, en caso contrario, comprendía que también le censurarían, y con razón. El conde le relató el hecho y le pidió consejo sobre lo que más convenía hacer.

–Señor conde Lucanor –expresó Patronio–, bien sé que podríais encontrar muchos consejeros que me superasen; Dios puso en vos muy buen entendimiento, de modo que ninguna falta os hace mi ayuda, pero, si la deseáis, os diré mi parecer. Mucho me placería, señor conde, que meditaseis el cuento de algo que ocurrió cierta vez a un honrado campesino con su hijo.

El conde le rogó que se lo relatara.

–Señor –prosiguió Patronio–, un honrado campesino tenía un hijo muy joven pero de bastante sutil entendimiento. Cada vez que el padre deseaba hacer algo –y poquísimos son los hechos en los cuales no puede sobrevenir un contratiempo–, el hijo le mostraba la posibilidad de que sucediese lo contrario. De este modo le impedía la realización de asuntos beneficiosos para su hacienda. Creed con certeza que cuanto más agudos son los jóvenes, tantos más yerros cometen en la conducción de sus negocios, pues disponen de talento para iniciarlos, mas ignoran o no pueden ponerles fin, por lo cual incurren en grandes errores si no tienen quien los preserve de ellos. De tal modo que aquel mancebo, por su misma sutileza y porque le faltaba la cualidad de concluir lo iniciado perfectamente, era un estorbo para su padre en lo que debía realizar. Como el padre soportó largo tiempo esta situación con su hijo, tanto por el daño que le venía de sus acciones impedidas cuanto por la molestia que le causaban las recomendaciones de su hijo, y más que nada para amonestarle y mostrarle la conducta que había de tener en lo futuro, tomó la determinación que oiréis:

El buen hombre y su hijo eran campesinos que vivían cerca de una ciudad. Un día de mercado el padre pidió a su hijo que se encaminase a ella para adquirir algunas cosas que necesitaban y acordaron llevar una bestia para traerlas. Yendo al mercado, llevaban el animal descargado y ambos iban a pie. En tal momento, encontraron a unos caminantes que venían de la dicha ciudad. Cuando hubieron conversado brevemente, se separaron, y los hombres empezaron a dialogar diciendo que no les parecían de mucho tino el padre y su hijo, pues llevaban la bestia sin carga e iban a pie. El labrador, después de escuchar aquello, preguntó a su hijo cómo le parecía lo que afirmaban. Este manifestó que era cierto y que no tenía sentido ir ellos a pie llevando la bestia descargada. Ordenó entonces el labrador a su hijo que subiese al animal.

Proseguido el camino, encantaron a otros viajeros, quienes, al alejarse de ellos, comenzaron a decir que era grave error el de aquel labrador ir él –ya viejo y agotado– a pie, mientras el mancebo, resistente a la fatiga, iba montado. Interrogó entonces el buen labrador a su hijo sobre aquella afirmación, y éste le respondió que era razonable. Entonces él ordenó a su hijo que descendiese para subir él en el animal.

Poco después se encontraron con otros, y estos expresaron que era un error que fuese a pie el joven, de pocos años, nada resistente al cansancio, y el anciano, ya acostumbrado a los sufrimientos, sobre el animal. Preguntó entonces el hombre a su hijo el parecer sobre lo que sostenían. Este respondió que, según su entender, decían la verdad. Ordenó, pues, el labrador a su hijo que trepase en la bestia para que así ninguno fuese a pie.

Caminando así, encontraron a otros viajeros, quienes empezaron a decir que el animal era flaquísimo: apenas podría recorrer el camino, de modo que cometían gran yerro en ir ambos sobre él. Preguntó el labrador a su hijo qué le parecía la afirmación y él respondió que verdad, por lo que el padre dijo lo siguiente:

–Bien sabes, hijo, que cuando salimos de casa ambos veníamos a pie y traíamos la bestia descargada: todo eso decías que te parecía bien. Después encontramos viajeros en el camino que nos dijeron lo contrario; te ordené subir al animal y proseguí yo a pie; tú dijiste que estaba bien. Posteriormente encontramos a otros que expresaron: su desacuerdo y por ello descendiste tú y subí yo al animal; tú lo admitiste como lo mejor. Y porque otros que encontramos afirmaron que no estaba bien, te ordené ir en el animal conmigo; a lo que tú contestaste que era preferible a quedar tú a pie y proseguir yo cabalgando. Ahora, los que hemos topado afirman que es error ir ambos en el animal, lo que tú aceptas como verdad. Si es así, ruégote me digas qué podemos hacer sin que los extraños lo censuren. Pues ya caminamos, y dijeron que no estaba bien; seguí yo a pie y tú montado. Afirmaron que era error; continué yo en la bestia y tú caminando: dijeron que también estaba equivocado; ahora proseguimos ambos montados y sostienen que hacemos mal. Como no puede evitarse que alguna de estas cosas realicemos, y fueron todas probadas ya, las juzgan como equivocaciones. Esto te ha de servir de experiencia para lo que acaezca en tu patrimonio: sé cierto de que nunca harás cosa que todos aprueben, pues si fuere buena, los malos y quienes no reciben provecho de ella, no la alabarán; y si fuere mala, los que se satisfacen con el bien no podrán aceptarte como bien el daño que cometas. Por ello, si quieres hacer lo más elevado y de mayor beneficio, trata de realizar lo mejor y lo que comprendas te sea de más honra; no tratándose de algo malo, no dejes de cometerlo por temor al qué dirán, pues es cierto que la gente tiene costumbre de hablar antojadizamente y no analiza lo que es para su mayor beneficio.

Señor conde Lucanor, me pedís consejo en esto que deseáis hacer y receláis que la gente os censurará tanto si lo cometéis como en caso contrario. Mi recomendación es ésta: antes de empezar, analizad los beneficios y el daño que os pueden sobrevenir. No os confiéis de vuestro sentido y guardaos del engaño del deseo:

aconsejaos con personas de tino, leales y reservadas. Si no encontráis semejantes consejeros, cuidaros de proceder violentamente en vuestras acciones: aguardad, por lo menos, un día y una noche, si no fuere asunto de urgencia. Cumplidas estas advertencias, y visto que la acción os traerá más honra, os aconsejo que no la abandonéis por temor de las murmuraciones.

Consideró el conde buen consejo el de Patronio, siguiólo y se benefició con ello.

Cuando don Juan encontró este cuento, ordenó incluirlo en la presente obra y añadió estos versos en que aparece abreviadamente su moraleja. Los versos dicen así:

No dejéis pasar por decires de la gente
lo que a vuestro juicio parece conveniente.

Ejemplo III

DEL SALTO QUE DIÓ EN EL MAR EL REY RICARDO DE INGLATERRA, CONTRA LOS MOROS

Un día se apartó el conde Lucanor con Patronio, su consejero, y le dijo así:

–Patronio, fío mucho en vuestro talento, y sé que lo que vos no entendéis o no podéis aconsejar nadie es capaz de solucionarlo. Por lo mismo os pido que me ayudéis lo mejor posible en lo que os relataré. Bien sabéis que yo no soy joven. Desde mi nacimiento hasta ahora me crié y viví entre guerras, a veces con cristianos, a veces con moros, y si no, con los reyes, mis señores, o con mis vecinos. Cuando fueron conflictos con cristianos, cuidé siempre de que nada ocurriese por mi culpa, aunque no se pudo evitar el enorme daño que recayó sobre quienes no lo merecían. A causa de esto, y por otros yerros con que ofendí a Nuestro Señor, y además, porque veo que nada ni nadie pueden un sólo día asegurarme de la muerte, os pido consejo; fuera de que, por mi edad, no puedo vivir mucho más, y debo concurrir ante Dios, juez para quien no valen las palabras sino que el único juicio son las buenas o malas obras realizadas; pues sé, también, que si por mi desgracia fuere hallado en cosa que Dios me censure, en modo alguno podría librarme de las penas del infierno; y si, contrariamente, Dios me hace la merced de encontrarme digno de la compañía de los justos y del paraíso, estoy seguro de que a ese bien, a ese placer y a esa gloria no se pueden comparar ningunos otros beneficios del mundo. Por todo lo dicho, pues ese bien o ese mal tan grandes no se ganan sino con el obrar, os ruego, Patronio, que, según mi nobleza, penséis y me aconsejéis sobre el mejor camino por que pueda yo hacer enmienda a Dios de los yerros que contra Él cometí, y reciba su gracia.

–Señor conde Lucanor –respondió Patronio–, mucho me agradan estas conversaciones, señaladamente porque me dijisteis que os diere consejo según vuestro estado, pues si de otro modo lo pidiereis, creería que era para probarme, como el rey a su ministro en el cuento del otro día. Agrádame mucho que queráis hacer enmienda ante Dios de los yerros cometidos, de acuerdo con la dignidad y honra vuestras. Pues, ciertamente, señor conde Lucanor, si quisiereis abandonar vuestro estado actual para seguir vida religiosa o apartada del mundo, no podríais evitar que os sucedieren dos cosas: una, que seríais muy mal juzgado por la gente: dirían que lo hacéis por flaqueza de ánimo y porque no os agrada vivir entre buenos. La otra cosa es que sería verdadera maravilla poder soportar vos las asperezas de la vida de orden, pues si después la hubiereis de abandonar o seguir en ella no guardando los preceptos, os sería daño grande para el alma y afrenta e insulto para el cuerpo y la fama. Pero si queréis efectivamente hacer esto, me agradaría que supieseis lo que Dios mostró a un ermitaño muy santo acerca de lo que sucedería a él y al rey Ricardo de Inglaterra.

El conde le rogó que se lo contara y Patronio dijo:

–Señor conde Lucanor, un ermitaño de muy recta vida hacía mucho bien y soportaba grandes trabajos para merecer la gracia de Dios. Por ello, Nuestro Señor le hizo tanta merced que le prometió y le aseguró la entrada al paraíso. El ermitaño lo agradeció mucho y, estando ya seguro de ello, pidió a Dios la gracia de mostrarle quién sería su compañero en el cielo. Aunque Nuestro Señor le envió a decir repetidas veces con su ángel que no hacía bien en averiguar tal cosa, tanto repitió su pregunta que le contestó que el rey Ricardo de Inglaterra y él serían compañeros en el paraíso.

Esto no agradó mucho al ermitaño, pues bien conocía al rey como hombre muy belicoso que había muerto, robado y desheredado a mucha gente; siempre le había visto en vida tan distinta de la suya que le parecía muy alejado del camino de salvación.

Todo esto tenía al ermitaño muy entristecido.

Desde que Nuestro Señor lo vio así, le envió a decir con su ángel que no se quejase ni maravillase por lo que le diría, pues consideraba que más servicio había hecho y más había merecido el rey Ricardo de Inglaterra con un salto que dio que él con cuantas buenas obras realizara en vida.

El ermitaño se maravilló mucho de ello y le preguntó cómo podía ser eso. A lo que respondió su ángel relatándole el paso a Ultramar de los reyes de Francia, Inglaterra y Navarra. Cuando éstos llegaron al puerto, yendo todos armados para desembarcar, vieron en la ribera tal muchedumbre de moros que temieron no poder llegar a tierra. Entonces el rey de Francia mandó a decir al de Inglaterra que viniese a la nave donde él estaba para acordar que debían hacer al rey de Inglaterra, ya sobre su caballo, al oír esto, ordenó al recadero que comunicase a su señor que él sabía muy bien cuántas ofensas y pesares había hecho a Dios, a quien había pedido siempre le diese oportunidad de enmendar sus yerros; pues ahora veía el momento deseado, estaba cierto de que, de morir allí –según la penitencia y confesión realizados antes de abandonar su reino–, Dios favorecería su alma. De vencer a los moros, mucho se complacería Dios y eso les satisfaría a ellos grandemente.

Dicho esto el rey Ricardo encomendó su cuerpo y su alma a Dios, pidiéndole ayuda. Santiguóse y ordenó a los suyos que le siguiesen. Espoleó el caballo y saltó al mar hacia la playa donde estaban los moros. A pesar de que se encontraba la flota cerca del puerto, no era el mar tan poco hondo como para que no se hundiera el rey con su cabalgadura, de modo que desaparecieron por completo. Pero Dios, señor misericordiosísimo y poderoso, acordándose de lo dicho en el Evangelio que no desea la muerte del pecador sino que se convierta y viva, socorrió al rey de Inglaterra, libróle de muerte y le dio vida perdurable, salvándole del peligro de agua, después de lo cual el monarca se dirigió contra los moros.

Cuando los ingleses vieron hacer esto a su señor, saltaron todos al mar en su seguimiento y se dirigieron a los moros. Al ver esto los franceses, pensaron que sería falta grande no imitarle –lo que no podrían soportar– y saltaron pronto en el mar hacia los moros. Estos, al verles venir despreciando la muerte y con gran ímpetu, no se atrevieron a esperarles, abandonaron el puerto y comenzaron a huir. Cuando llegaron los cristianos, dieron muerte a cuantos pudieron alcanzar y, favorecidos de la fortuna, hicieron de ese modo gran servicio a Dios. Y todo el beneficio provino de aquel salto que hizo el rey Ricardo.

Cuando el ermitaño escuchó esto, sintió mucho agrado y comprendió que se le hacia gran merced en quererle por compañero celestial de hombre que así había servido a Dios, con tanto ensalzamiento de la fe católica.

Y vos, señor conde Lucanor, si queréis servir a Dios y enmendar los pecados que habéis cometido, mirad modo de que antes de partir reparéis a todos aquellos que de algún modo dañasteis. Penad vuestros pecados y no hagáis caso de las vanidades del mundo, sin beneficio ulterior, ni creáis a los muchos que os dirán os esforcéis por acrecentar honra, que así denominan ellos el tener mucha servidumbre, sin parar mientes en si podrán satisfacerla, sin reparar en cómo terminan o cómo quedan los que no miraron sino la llamada honra y la descendencia de su linaje. Pues vos, señor conde Lucanor, expresáis vuestro deseo de servir a Dios y enmendar vuestros yerros, no sigáis este camino de vanidades y cosas externas. Si Dios os dio tantas heredades como para que le sirváis convenientemente en mar como en tierra, haced lo posible para asegurar lo que dejáis. Seguro ello y habiendo hecho enmienda a Dios de los errores cometidos para merecer perdón con vuestras buenas obras, podréis abandonar todo lo otro y terminar vuestra vida en eterno servicio de Dios. Hecho esto, creo que es el mejor camino que podéis seguir para salvar el alma conservando vuestra dignidad y vuestra honra. Debéis estar cierto de que no por servir a Dios moriréis antes, como tampoco viviréis más por permanecer en vuestros dominios. Si murieseis en servicio de Dios, llevando la vida que os he dicho, seréis mártir y bienaventurado; aunque no muráis en guerra, el deseo y las buenas obras os harán mártir y ni los maldicientes podrán hablar, pues todos verán que nada queda por hacer de vuestros deberes de caballero, sino que queréis ser un caballero de Dios y dejáis de serlo del diablo y de la vanidad del mundo, perecedera.

Y ahora, señor conde, os he dado mi consejo según me lo pedisteis y de acuerdo con lo que entiendo mejor para salvar vuestra alma, según vuestra dignidad. Os pareceréis al rey Ricardo de Inglaterra en el salto y excelente acción relatados.

Este consejo agradó mucho al conde Lucanor y pidió a Dios que le permitiese ser como Patronio decía y él lo deseaba fervorosamente.

Viendo don Juan que la calidad de este apólogo era excelente, ordenó incluirlo en este libro y escribió los versos en que se contiene su enseñanza, los cuales dicen así:

Quien caballero se considere,
más debe desear este salto
que si en una orden se metiere,
o se encerrase tras un muro alto.

Ejemplo IV

**DE LO QUE DIJO UN GENOVES A SU ALMA EN EL
MOMENTO DE MORIRSE**

Conversaba un día el conde Lucanor con su consejero Patronio, y le relataba sus problemas de este modo:

–Gracias a Dios, Patronio, tengo mi fortuna en próspero estado y en paz; poseo, según mis vecinos y semejantes, todo lo que es necesario, y por ventura todavía más. Algunos me aconsejan que inicie algo de gran envergadura, lo cual me entusiasma; pero, por la confianza que tengo en vos, no lo he querido comenzar hasta hablaros y pediros consejo.

–Señor conde Lucanor –respondió Patronio–, para que hagáis en esto lo que os corresponde, me agradaría que supieseis lo que sucedió a un genovés.

El conde le rogó que le relatara aquello.

–Señor conde Lucanor –dijo Patronio–, había un genovés muy rico y afortunado según sus vecinos. Dicho genovés enfermó gravemente y desde que comprendió que no escaparía de muerte, hizo llamar a sus amigos y parientes; cuando estuvieron reunidos, envió por su mujer e hijos, se trasladó a una sala excelente desde la que se dominaban tierra y playa, e hizo traer ante sí su tesoro y sus joyas. Una vez que tuvo todo esto delante, empezó a conversar en broma con su alma, de esta manera:

–Alma, veo que quieres separarte de mí, y no sé por qué lo haces pues si deseas mujer e hijos, los ves aquí como para satisfacerte; si deseas parientes y amigos, tienes aquí muchos, excelentes y honrados; si quieres enorme tesoro de plata, oro, piedras preciosas, joyas, paños y mercaderías, tienes aquí tanto de ello, que no te es necesario aspirar a más; si buscas naves y galeras que te procuren y acarreen grandes fortunas, helas allí en el mar que se divisa desde esta sala; y si persigues heredades y huertas bellas y muy deleitosas, obsérvalas desde estas ventanas; si andas tras caballos, mulas, aves, perros para cazar y divertirte, juglares para alegría y solaz, casa buena, bien aderezada, con lechos, estrados y las cosas que son necesarias, de todo nada te falta, y ya que posees tanto y ni con ello te sientes satisfecha ni tranquila; ya que no te conformas y buscas lo que ni tú misma sabes, de aquí adelante vete con la ira de Dios. Muy necio será quien se conduela de ti por el mal que te acaezca.

Y vos; señor conde Lucanor, pues a Dios gracias estáis en paz, con bien y honra, pienso que no será oportuno aventurar aquello e iniciar lo que me decís os aconsejan; acaso vuestros consejeros os lo dicen sabiendo que desde que os hayan encaminado a tal acción, habréis de hacer por fuerza lo que ellos deseen y tendréis que seguir sus deseos y someteros así como ellos se someten a los vuestros ahora. Tal vez piensan que por vuestra acción acrecentarán ellos sus fortunas, lo que no lograrían en vuestro actual sosiego. Os acontecería lo que hablaba el genovés a su alma. Según mi consejo, en cuanto podáis tener paz y sosiego en vuestra honra, no realicéis nada en que debáis aventurar lo vuestro.

Al conde le agradó mucho el consejo de Patronio, lo puso en práctica y le significó bienestar.

Cuando don Juan encontró este ejemplo, le agradó. No quiso escribir nuevos versos sino que colocó una sentencia repetida por las viejas en Castilla, que dice así:

Quien está bien sentado no se mueva.

Ejemplo V

DE LO QUE SUCEDIÓ A UNA ZORRA CON UN CUERVO QUE LLEVABA UN PEDAZO DE QUESO EN EL PICO

En otra oportunidad hablaba el conde Lucanor con su consejero Patronio y decíale así:

–Patronio, un hombre que dice ser mi amigo, empezó a halagarme mucho, dándome a entender que en mí residían muchas excelencias de honra, poder y bondad. Y cuando me halagó con estas palabras, me propuso algo que, a primera vista, según lo que entendí, me era conveniente.

El conde contó a Patronio cuál era el asunto propuesto y, aunque parecía cosa de provecho, comprendió el último el engaño que yacía escondido bajo las hermosas palabras. Por lo cual dijo al conde:

–Señor conde Lucanor, sabed que ese hombre desea engañaros, dándoos a entender que vuestro poder y dignidad son mayores que en la realidad. Y para que podáis precaveros del engaño que os quiere hacer, me agradaría que supieseis los que sucedió a un cuervo con una zorra.

Preguntó el conde como había ocurrido y respondió Patronio:

–Señor conde Lucanor, el cuervo encontró en una oportunidad un gran trozo de queso y subió a un árbol para poderlo comer a su antojo, sin recelo ni preocupación. Cuando allí estaba, pasó por abajo la zorra y al ver el queso que tenía el cuervo empezó a tramar la manera de arrebatárselo, por lo cual comenzó a hablarle de este modo:

–Don Cuervo: hace largo tiempo que oí hablar de vuestra nobleza y hermosura y aunque os he buscado mucho, no quisieron Dios ni mi suerte que os encontrase hasta ahora, que os veo y comprendo que en vos hay mucha más belleza de la que me ponderaban. Para que veáis que no os lo digo por lisonja, así como os mostraré las excelencias que en vos encuentre, así también os señalaré aquello en que la gente considera que no sois tan apuesto. Todos consideran que el color de vuestras plumas, de vuestros ojos, del pico, las patas y las uñas es negro, y porque lo negro no es tan bello como lo de otro color, siendo vos así, piensan que constituye mengua de vuestra hermosura, y no se dan cuenta de que se equivocan mucho. Pues aunque vuestras plumas son negras, ese color es tan brillante e intenso, que da reflejos azules, como el plumaje del pavo real, la más hermosa ave del mundo. Y aunque vuestros ojos son negros, en cuanto a ojos, son mucho más hermosos que otros ningunos, pues la propiedad del ojo no es sino ver, y como todo lo negro conforta la visión, las mejores pupilas son las de ese color, por lo que se loan las de la gacela, más oscuras que las de ningún otro animal. Además, vuestro pico y garras son más poderosos que los de ninguna otra ave de vuestro tamaño. Igualmente, sois tan ligera en el vuelo que nada os daña ir contra el viento, por fuerte que sea, lo que otras aves no pueden hacer con la facilidad que vos. Por ello considero que, pues Dios todo lo hace con razón, no habría consentido que, siendo vos tan perfecto, hubieseis tenido la deficiencia de no cantar mejor que otras aves. Y ya que Dios me hizo tanta merced de veros y sé que reside en vos mucho más belleza de cuanto oí loar de vos, si pudiese escuchar vuestro canto me consideraría eternamente bienaventurada.

Reparad, señor conde Lucanor, que aunque la intención de la vulpeja era engañar al cuervo, siempre fue verdad lo que le dijo. Estad cierto de que los engaños y peores perjuicios son siempre los que se disfrazan con una verdad engañosa.

Desde que el cuervo vio cuánto le alababa la zorra, y cómo le decía verdad, creyó que era sincera en todo lo demás, y la creyó su amiga, sin sospechar que lo hacía por arrebatarle el queso que tenía en el pico. Por las buenas razones que le había escuchado como por los halagos y ruegos que le hacía la zorra para que cantase, abrió el pico para satisfacerla. Y cuando empezó a cantar, cayó el queso en tierra, tomólo la zorra y huyó con él; así quedó engañado el cuervo por la vulpeja, creyendo que en él había más belleza y perfección que en la realidad.

Y vos, señor conde Lucanor, aunque Dios os hizo bastante merced en todo, pues veis que aquel hombre desea haceros entender que en vos residen más poder, honra y bondades de cuanto sabéis como cierto, comprended que lo hace por engaño y guardaos de él como corresponde a un hombre precavido.

Al conde agradó mucho lo expresado por Patronio, hízolo así y con su consejo evitó los yerros.

Entendiendo don Juan que este apólogo era excelente, ordenó incluirlo en el presente libro y agregó los versos que contienen, abreviado, su sentido moral:

El que te alaba con lo que no tienes,
llevarse lo tuyo sin duda quiere.

Ejemplo VI

DE LO QUE SUCEDIÓ A LA GOLONDRINA Y A OTROS PÁJAROS CUANDO VIÓ SEMBRAR EL LINO

Hablaba en una oportunidad el conde Lucanor con Patronio, su consejero, y le decía:

–Patronio, me comunican que unos vecinos, más poderosos que yo, andan reuniéndose y tramando sutilmente el modo de engañarme y de causarme el mayor perjuicio. Yo no lo creo ni lo recelo; pero, por vuestro buen entendimiento, os quiero preguntar si entendéis cómo debo afrontar este trance.

–Señor conde Lucanor –respondió Patronio–, para que hagáis lo que yo entiendo os cumple más, me agradaría mucho supieseis lo que sucedió a la golondrina y a otros pájaros.

Preguntó el conde cómo había sido aquello.

–Señor conde Lucanor –relató Patronio–, la golondrina vio que un hombre sembraba lino y comprendió que, si aquel lino crecía, los cazadores podrían tejer redes y lazos para atrapar los pájaros. Luego se dirigió a éstos, les ordenó reunirse y les relató que el hombre sembraba lino, agregándoles que estuviesen ciertos de que si ese lino crecía, significaría un daño enorme, por lo cual les aconsejó que fuesen al lugar de la siembra y lo arrancasen antes del crecimiento. Sobre todo considerando que las cosas son fáciles de terminar en su comienzo, y muy difíciles de concluir después.

Las aves hicieron muy poco caso de esto y en nada obedecieron a la golondrina. Ella les repitió muchas veces su consejo, hasta que se convenció de que sus palabras no importaban nada; el lino por entonces estaba tan crecido que ya los pajarillos no podían arrancarlo ni con las garras ni con los picos. Cuando vieron que el lino estaba tan alto y que no podrían remediar el daño por venir, se arrepintieron mucho de no haberlo hecho en su oportunidad; pero el arrepentimiento era demasiado tardío.

Antes de todo esto, cuando la golondrina vio que los pájaros no querían poner atajo oportuno al perjuicio que les venía, se acercó al hombre y se puso bajo su amparo, con lo cual ganó protección para sí y para su especie. Desde entonces viven las golondrinas con los hombres y ellos las amparan. Las avecillas que no quisieron ponerse en salvo, son cazadas cada día con redes y con lazos.

Vos, señor conde Lucanor, si queréis ser precavido de ese daño que decís os puede venir, apercibíos y poned cuidado en vuestras acciones; no es cuerdo el que se enfrenta con hechos ya sucedidos sino el que por un pequeño indicio o por cualquier movimiento comprende el daño que le puede sobrevenir y trata de evitarlo.

Al conde le agradó mucho todo esto y actuó según el consejo de Patronio, lo que le sirvió mucho.

Como don Juan comprendió que este ejemplo era provechoso, lo incluyó en el libro y escribió estos versos:

Al principio debe el hombre advertir
los daños que pueden sobrevenir.

Ejemplo VII

DE LO QUE SUCEDIÓ A UNA MUJER LLAMADA DOÑA TRUHANA

En otra oportunidad, hablaba el conde Lucanor con su consejero de este modo:

–Patronio, un hombre me propuso algo y me mostró cómo podría realizarlo. Sinceramente, os afirmo que son tantas las cosas provechosas que se desprenden que, si Dios permite se haga como él me dijo, me será altamente beneficioso; tantas son las ventajas que esta acción engendra, que aparece como muy importante.

Relató a Patronio el modo de llevarlo a cabo y cuando éste oyó sus palabras, respondió al conde de esta manera:

–Señor conde Lucanor, siempre oí decir que es de buen sentido atenerse uno a las cosas ciertas y no a las vanas esperanzas pues, muchas veces, a los que se confían en la esperanza les sucede lo que a doña Truhana.

El conde le preguntó cómo había sido.

–Señor conde Lucanor –exclamó Patronio–, había una mujer llamada doña Truhana, bastante pobre. Un día se encaminaba al mercado con una olla de miel sobre la cabeza. Yendo de ese modo, comenzó a pensar que vendería la olla de miel y que, con el producto, compraría una partida de huevos, de los cuales nacerían gallinas; después, del valor de las gallinas compraría ovejas y, así, de las posibles ganancias fue comprando hasta que se encontró más rica que ninguna de sus vecinas.

Meditó como casaría a sus hijos con la riqueza de que pensaba ser dueña y cómo iría por la calle acompañada por sus yernos y nueras, a la vez que se alababa la buena suerte de llegar a poseer tanta riqueza, habiendo sido tan pobre.

Pensando en esto, empezó a reír del placer que su buena estrella le causaba y así riendo tocóse la frente con la mano, lo que bastó para que cayera la olla de miel en tierra y se quebrara. Cuando doña Truhana vio la olla hecha trizas, empezó a demostrar su dolor, considerando que estaba perdido cuanto habría ganado de no quebrarla. Y por haber puesto todo su pensamiento en vanas imaginaciones, al final nada de lo que pensaba se cumplió.

Vos, señor conde Lucanor, si deseáis que lo que os digan y lo que penséis sea enteramente cierto, creed y pensad siempre en lo que es seguro y evidente, no en dudosas y vanas esperanzas. Y si os viniera gana de probar estas últimas, guardaos de aventuraros o de poner en juego algo que no sea seguro para vos.

Al conde le agradó lo que le aconsejó Patronio y lo hizo así para su bien.

Como a don Juan le gustó el ejemplo, lo hizo poner en el libro y agregó estos versos:

A las cosas ciertas encomendaos,
y de las que son vanas apartaos.

Ejemplo VIII

DE LO QUE SUCEDIÓ A UN HOMBRE AL QUE TENÍAN QUE LIMPIARLE EL HIGADO

En otra ocasión hablaba el conde Lucanor con Patronio, su consejero, y le decía:

–Patronio, sabed que aunque Dios me favoreció en muchas cosas, estoy en la actualidad muy necesitado de dinero. A pesar de que resúltame tan doloroso como la muerte, pienso que deberé vender una de mis posesiones más queridas, o de hacer algo que me será tan dañoso como ello. Me veo impelido a realizarlo para salir de la miseria y el pesar en que estoy.

Preparando yo esto que me es tan perjudicial, se me acercan muchos que bien pudieran no hacerlo, y me piden les facilite ese dinero que tan caro me cuesta. Por el buen entender que Dios puso en vos, os ruego me digáis cómo debo actuar.

–Señor conde Lucanor –respondió Patronio–, me parece que os sucede con esas personas como a un hombre que estaba muy enfermo.

El conde le rogó que se lo relatase.

–Señor conde –exclamó Patronio–, un hombre estaba muy grave y los médicos le explicaron que de ningún modo mejoraría si no le hacían una incisión en el costado para extraerle el hígado y lavarlo con unas medicinas que necesitaba, por estar muy deteriorado. Cuando el enfermo estaba soportando ese dolor y el cirujano tenía el hígado en las manos, un hombre que se encontraba cerca empezó a pedirle que se lo regalara para su gato.

Vos, señor conde Lucanor, si queréis perjudicaros por recibir dinero y darlo a quien sabe no se debe, podéis hacerlo, pero nunca con el apoyo de mi consejo.

Al conde le agradó la respuesta de Patronio, en adelante fue precavido y lo pasó bien.

Entendiendo don Juan que el cuento era excelente, mandó escribirlo en el presente libro y agregó estos versos:

Si no sabéis que podéis dar,
en daño se os podrá tornar.

Ejemplo IX

DE LO QUE SUCEDIÓ A DOS CABALLEROS CON EL LEÓN

Un día hablaba el conde Lucanor con su consejero Patronio de esta manera:

–Patronio, hace largo tiempo que tengo un enemigo que me causó tanto mal como yo a él, de modo que por obras y voluntades estamos en profunda desavenencia. Ha ocurrido ahora que otro, mucho más poderoso que nosotros dos, comete acciones de las que recelamos nos vendrá enorme perjuicio; mi antiguo enemigo me envió a decir que nos uniéramos para defendernos del que ha surgido contra nosotros. Es cierto que si nos aliamos podremos defendemos mejor y si nos separamos, aquel de quien recelamos podrá destruir fácilmente a cualquiera de nosotros. Y desde el momento en que uno de nosotros fuese vencido, sería fácil de terminar con el restante. Este hecho me tiene en grandes dudas. Por una parte temo mucho que mi enemigo quiera engañarme; si él me tuviese en su poder, mi vida no estaría segura, y si concertamos amistad no podemos dejar de confiar yo en él y él en mí. Esto es lo que me tiene receloso. Por otra parte, colijo que si no fuésemos amigos como él me lo pide nos puede venir gran perjuicio del modo que ya os expresé. Por la gran confianza que tengo en vos y en vuestro entendimiento, os ruego que me aconsejéis lo que debo hacer en este apuro.

–Señor conde Lucanor –dijo Patronio–, esto es de cuidado y peligroso; para que mejor entendáis lo que os cumple hacer, me agradaría que supieseis lo que sucedió en Túnez a dos caballeros que vivían con el infante don Enrique.

El conde le pidió que se lo contara.

–Señor conde Lucanor –empezó Patronio–, dos caballeros que servían al infante don Enrique eran íntimos amigos y vivían juntos. Estos caballeros no tenían más que dos caballos y así como ellos se querían de corazón, los animales se odiaban. Los caballeros no eran tan ricos como para tener dos casas, pero por la malquerencia de los animales no podían habitar en un mismo lugar, lo cual les hacía enojosa la vida. Transcurrido un tiempo en esto, vieron que no lo podían soportar más, lo relataron a don Enrique y le pidieron como favor que echase aquellos caballos a un león que tenía el rey de Túnez.

Don Enrique les agradeció mucho lo que le decían y habló con el rey de Túnez. Los caballos fueron muy bien pagados a sus dueños y metiéronlos en un corral donde estaba el león; cuando los caballos se vieron en él, antes de que el león saliese de la jaula en que estaba encerrado, comenzaron a atacarse fieramente. Estando ellos en su riña, se abrió la puerta de la jaula y, al ver al león, empezaron a temblar y se fueron acercando el uno al otro. Cuando se juntaron, estuvieron un instante quietos y después se enfrentaron al león, dándole tales mordiscos y coces, que por fuerza se hubo de encerrar en el lugar del que saliera. Los caballos quedaron ilesos y fueron en lo sucesivo tan amigos que comían con agrado en un mismo pesebre y dormían juntos en pequeño espacio. Esta gran amistad surgió del gran miedo que tuvieron al león.

Vos, señor conde Lucanor, si imagináis que vuestro enemigo recela mucho del otro y tiene tanta necesidad de vos que olvidará lo que entre vosotros pasó –pues entiende que sin vos no puede defenderse– creo que, así como los caballos se fueron poco a poco juntando hasta perder el recelo y estar bien seguros el uno del otro, así debéis vos, lentamente, tomar confianza y amistad con vuestro enemigo. Y si veis en él siempre buenas y leales obras, de modo que estéis seguro de que por bien que le vaya nunca os perjudicará, entonces haréis lo justo ayudándoos para que ningún extraño os someta o destruya, pues mucho tienen que sufrir los hombres a parientes y vecinos para mantenerse con independencia.

Si vieseis, por el contrario, que vuestro enemigo es de tal condición que, una vez ayudado por vos y librado de peligro tanto él como lo suyo, estuviese en contra vuestra, en ese caso cometeríais un disparate ayudándole. En caso como ése debéis dejarle arreglarse por su cuenta. Y si en tal aprieto no quiso echar a olvido lo pasado y, al revés, lo guardaba para exhibirlo en momento propicio, entended que él mismo niega toda posibilidad a vuestra ayuda en tal peligro.

El conde quedó muy contento con el consejo de Patronio y don Juan entendiendo que el cuento era bueno, lo hizo escribir en este libro, con los siguientes versos:

Cuando se avecina peligro de daño.
hasta enemigos se unen contra el extraño.

Ejemplo X

DE LO QUE SUCEDIÓ A UN HOMBRE QUE POR POBREZA Y FALTA DE OTRA COSA COMÍA ALTRAMUCES

Hablaba en otra oportunidad el conde Lucanor con Patronio, su consejero, de este modo:

Bien sé, Patronio, que Dios me ha hecho muchas más mercedes de las que yo merezco, mucho más de lo que podría yo retribuirle, y en todo entiendo que mi hacienda está en buen pie y con honra. Pero me sucede algunas veces que me encuentro en tanta pobreza que me es tan indiferente la muerte como la vida. Os ruego me deis algún consuelo en esto.

A lo que contestó Patronio:

–Señor conde Lucanor, para que os consoléis cuando tal os acontezca, sería bueno que supieseis lo sucedido a dos hombres que fueron en otra oportunidad riquísimos.

El conde le pidió que se lo relatara.

–Señor conde Lucanor –prosiguió Patronio–, uno de esos dos llegó a tal pobreza que no le quedó nada para comer. Y aunque se esforzó mucho por encontrarlo, no halló sino un plato de altramuces. Recordando su antiguo estado y viendo que ahora con el hambre y la pobreza tenía que comer los altramuces, que son tan amargos y de mal sabor, empezó a llorar desconsoladamente. Fue comiéndolos impulsado por el hambre y mientras lo hacía, llorando, iba arrojando hacia atrás las cortezas. Cuando esto sufría, sintió a otro hombre que iba tras él, volvió la cabeza y le vio comiendo las cortezas que él desperdiciaba. El que las comía era el otro hombre de que os hablé al principio.

Al ver aquello, el que comía los altramuces preguntó al que aprovechaba las cortezas la causa de aquello, a lo que el último respondió que había sido mucho más rico que él pero se encontraba ahora en tal estrecho que era gran alegría encontrar esas cortezas desechadas por él. Al ver esto, se fue consolando el que comía altramuces pues comprendió que había otro más pobre aún y que tenía, él que tanto se quejaba, menos razón para considerarse desgraciado. Con esta conformidad se esforzó y Dios ayudóle a salir de aquella pobreza y a mejorar su estado.

Vos, señor conde Lucanor, debéis saber que en el mundo, por deseo mismo de Dios, nadie logra enteramente lo que desea. Pero, pues Él os hace merced en las demás cosas y estáis bien afamado, si os falta dinero o estáis en apuros, no desmayéis, y creed que otros más nobles y más poderosos que vos estarán pasando lo mismo y se considerarían felices si pudieran dar a los suyos aunque fuera mucho menos de cuanto dais a los vuestros.

Esto agradó mucho al conde, se consoló y se dio ánimos. Dios también lo ayudó y pudo salir de la estrechez por que pasaba.

Comprendiendo don Juan que era excelente el ejemplo, lo hizo poner en este libro y escribió estos versos:

Por pobrezas nunca lloréis:
otros más pobres hallaréis.

Ejemplo XI

**DE LO QUE SUCEDIÓ A UN DEAN DE SANTIAGO CON
DON ILLAN, EL MAGO TOLEDANO**

Hablaba otro día el conde Lucanor con Patronio su consejero, y le contaba lo siguiente:

–Patronio, alguien vino a pedirme ayuda en una acción en que me necesita y me prometió que haría por mí cuanto vaya en mi beneficio y honra. Empecé yo a ayudarle cuanto pude en aquello, y antes de que el asunto estuviese concluido, pensando él que ya había terminado, necesité que hiciese algo por mí, se lo rogué, pero él se excusó. Después sucedió otra cosa en qué pudo auxiliarme y se excusó como en la otra oportunidad; así procedió en todo lo que le rogué que hiciese por mí. Aquello para lo que tanta ayuda me pidió, todavía no está conseguido, ni se conseguirá si yo no lo deseo. Por la confianza que tengo en vos y en vuestro tino, os pido me aconsejéis.

–Señor conde –fue la respuesta de Patronio–, para que realicéis lo que se debe, me agradaría bastante que supierais lo sucedido a un deán de Santiago con don Illán, el mago que vivía en Toledo.

El conde le preguntó que cómo había sucedido.

Dijo Patronio:

–Señor conde, había un deán en Santiago con grandes deseos de aprender el arte de la nigromancia y oyó decir que don Illán de Toledo lo conocía mejor que nadie en su tiempo, por lo cual se encaminó a dicha ciudad para aprender aquella ciencia. El mismo día de su llegada se fue a casa de don Illán, a quien encontró leyendo en una sala muy apartada; luego que se acercó, don Illán le recibió y le manifestó que no deseaba que le dijera cosa alguna de su venida hasta después de comer. Se preocupó mucho de él y le alojó excelentemente, dándole todo lo necesario y haciéndole entender que le agradaba mucho su venida.

Una vez que hubieron comido y estuvieron solos, el deán le contó la razón de su venida y le pidió vehementemente que le enseñase esa ciencia en que tanto deseaba iniciarse. Don Illán le manifestó que él era un deán y hombre de relieve que podría alcanzar altas dignidades –y tales hombres en sus grandes posiciones, cuando todo lo han conseguido según su deseo, olvidan demasiado rápidamente lo que otros hicieron por ellos– por lo cual él recelaba que, aprendido aquello que deseaba saber, no le devolvería tantos bienes como prometía. El deán le aseguró que, fuese cual fuere el beneficio que recibiere, jamás haría sino lo que le mandase. Y en estas conversaciones estuvieron desde que almorzaron hasta la hora de comer. Cuando llegaron a un acuerdo, le manifestó don Illán que el aprendizaje de aquella ciencia no se podía hacer sino en lugar muy escondido y que esa misma noche le quería mostrar dónde debería permanecer hasta conocerla.

Tomándole de una mano, le condujo a una sala apartada del resto de la casa, llamó a una criada y le pidió que les tuviese preparadas unas perdices para esa noche, pero que no las pusiese a asar hasta su orden.

Hecho esto, llamó al deán y ambos descendieron por una escalera de piedra muy bien labrada, durante largo rato, de modo que les parecía estar tan en lo hondo de la tierra que el Tajo pasaba por sobre ellos. Al final de la escalera encontraron unos buenos aposentos y una sala muy adornada en la cual había muchos libros: era el sitio en que estudiarían. Sentados, empezaron a pensar en qué textos debían iniciar el aprendizaje, cuando entraron dos hombres que dieron al deán una carta de su tío el arzobispo en la cual le hacía saber su grave enfermedad y le pedía que si deseaba verle aún con vida, fuese pronto a su lado. Todo esto pesó al deán, por una parte por la enfermedad de su tío y por otra, porque calculó que debería abandonar el estudio apenas iniciado. Pero se propuso no dejarlo así no más y respondió la carta del arzobispo.

De allí a cuatro días, aparecieron otros hombres a pie portando nuevas cartas para el deán, las que le hacían saber la muerte del arzobispo y el acuerdo de las autoridades eclesiásticas de elegirlo a él, por lo cual era preferible que no se esforzara por presentarse allá; así lo elegirían estando en otra parte y no presente.

De este modo, a los siete u ocho días se presentaron dos escuderos muy bien vestidos y armados, quienes le besaron la mano y le entregaron las cartas en que constaba su elección. Don Illán, al oír esto se acercó al arzobispo elegido y le manifestó que agradecía a Dios que estas excelentes noticias le llegaran siendo su huésped, y ya que Dios le había hecho tanto bien, le solicitaba como merced que el deanazgo vacante se lo diese a su hijo. A lo que respondió el arzobispo que le permitiese disponer de esa dignidad para un hermano suyo; pero que estuviese cierto de que él le haría tantos bienes a su hijo que quedaría muy satisfecho. Por ahora le rogaba que fuese con él para Santiago y que llevase consigo a su hijo, a lo que don Illán asintió.

Se dirigieron a Santiago, donde fueron recibidos pomposamente. Cuando pasó algún tiempo, un día llegaron al arzobispo emisarios del papa con edictos que le comunicaban su designación como arzobispo de Tolosa. Además, el Sumo Pontífice le hacía la merced de permitirle que cediese su cargo actual a quien desease. Cuando don Illán escuchó esto, con gran entusiasmo le solicitó el cargo vacante para su hijo, pero el arzobispo le pidió disculpas por dárselo a un tío suyo, hermano de su padre. Don Illán le manifestó que con esto le agraviaba, pero que se lo dejaba pasar con la seguridad de que más adelante se arreglaría todo, lo que el arzobispo prometió, rogándole que se fuese con él a Tolosa, llevando a su hijo.

En Tolosa fueron muy bien recibidos por los condes y los nobles; y cuando habían vivido allí cerca de dos años, le llegaron al arzobispo enviados del papa para comunicarle que lo habían hecho cardenal, además de otorgársele la gracia de disponer, para quien quisiese, del arzobispado de Tolosa. Se le acercó don Illán y le dijo que, como ya le había fallado tantas veces en sus peticiones, que en esta oportunidad no cabía excusa alguna para negar esa dignidad a su hijo. El Cardenal le pidió que le dejara libertad de disponer de aquel arzobispado para un tío suyo, hermano de su madre, hombre bueno y ya anciano. Pero que como él era ahora cardenal, lo acompañaría a la corte papal, en la cual habría bastantes modos de beneficiarle. Don Illán se dolió mucho, pero acató el deseo del cardenal y se fue con él a Roma.

Desde que llegaron fueron objeto de muchas atenciones por parte de los cardenales y personajes de la corte papal. Don Illán importunaba cada día al cardenal para que hiciera alguna merced a su hijo, pero siempre se estrellaba con sus excusas.

Estando así las cosas, murió el papa. Los cardenales, en ese trance, eligieron al antiguo deán como su sucesor. Don Illán se dirigió a él y le hizo ver que ya no había excusa para cumplir lo prometido, a lo que respondió el papa que no le importunase tanto, pues siempre habría modo de hacerle mercedes en su oportunidad, don Illán, entonces, empezó a manifestar su descontento, sacándole en cara todo lo que le había prometido sin cumplirlo nunca, agregándole que eso lo había recelado la primera vez que conversó con él. Pues ahora había llegado a tan alta dignidad sin cumplirse nada, no restaba oportunidad alguna para que se preocupara de sus peticiones. El papa se molestó mucho con estas aclaraciones y le empezó a censurar, diciéndole que si seguía molestando le haría encarcelar, por hereje y encantador, pues él bien sabía que no otra vida y oficio sustentaba en Toledo que el arte de la nigromancia, el cual le proporcionaba medios para vivir.

Al ver don Illán cuán mal le pagaba el papa lo que por él había hecho, se despidió para irse. El pontífice ni siquiera le quiso dar comidas para el camino. Don Illán le dijo que pues no tenía que comer, se vería en la necesidad de acudir a las perdices que mandó asar aquella noche, y llamó a la criada y le pidió que las asara.

Cuando dijo eso don Illán, se encontró el papa en Toledo como simple deán de Santiago, dignidad que tenía al llegar a la ciudad, y fue tan grande su vergüenza que no supo qué decir. Don Illán le pidió que se fuese tranquilamente, pues ya bastante había probado cuánto podía esperarse de él, por lo cual estaba de más que comiese su parte de las perdices.

Vos, señor conde Lucanor, pues hacéis tanto por aquel que os pide ayuda y ni siquiera os lo agradece, creo que no tenéis por qué molestaros por conducirle a situación en que os dé recompensa semejante a la que el deán dio al mago.

El conde consideró que era un buen consejo, y lo siguió para su bien.

Comprendiendo don Juan que era un excelente cuento, lo hizo poner en este libro y agregó estos versos:

Al que ayudéis y no lo agradeciere
menos lo hará si bienes recibiere.

Ejemplo XII

DE LO QUE SUCEDIÓ A UNA ZORRA CON UN GALLO

El conde Lucanor hablaba con Patronio, su consejero, de esta manera:

–Patronio, sabéis que, a Dios gracias, mis posesiones son grandes pero no están unidas entre sí, y aunque soy dueño de muchos lugares fuertes, otros no lo son tanto y algunos están alejados del lugar donde tengo mi mayor poderío. Así, cuando tengo contienda con mis señores y los vecinos más poderosos, muchos se me presentan como amigos y otros, que se simulan consejeros, me asustan grandemente y me recomiendan que de ningún modo permanezca en esos lugares alejados, sino que me asegure y resida en los sitios más fuertes que están en mi poder. Como sé que sois muy leal y que entendéis mucho de cosas como éstas, os ruego me aconsejéis lo que os parezca debo hacer.

–Señor conde Lucanor –contestó Patronio–, en los grandes y delicados acontecimientos, los consejos son peligrosos, ya que en la mayoría de ellos no puede el hombre hablar con certeza, pues no sabe en qué pararán las cosas y muchas veces vemos que piensa una cosa y sucede otra: lo que a veces cree malo termina en bien y lo que considera bueno a veces para en mal. Por ello, el consejero, si es leal y de buena intención, se duele cuando ha de aconsejar, pues si sus palabras dan resultado dicen que no hizo sino su deber en darlas; si, por el contrario, no ocurre así, queda el consejero denostado y con vergüenza. Por eso, preferiría no dar este consejo, delicado y peligroso. Mas, como insistís en que os lo dé, me sería grato conocieseis lo que sucedió a un gallo con una zorra.

El conde le preguntó como había sido.

–Señor conde Lucanor –relató Patronio–, había un buen hombre que poseía una casa en el monte y entre lo que criaba había siempre numerosos gallos y gallinas. Sucedió que uno de aquellos gallos se alejó en una oportunidad de la casa y andando sin recelo por el campo fue visto por la zorra, que se acercó astutamente, pensando cazarle. Sintióla el gallo y se subió en un árbol que estaba algo alejado de los otros; cuando la zorra comprendió que el gallo estaba a salvo, sintió mucho no poder apoderarse de él y tramó la manera de lograrlo. Se dirigió entonces al árbol y empezó, entre halagos, a rogarle que bajase a andar por el campo como solía. Más el gallo no quiso hacerlo. Desde el instante en que comprendió la zorra que por ningún halago le engañaría, empezó a amenazarle diciéndole que pues no confiaba en su palabra, ya vería como le iba con ella. El gallo, creyéndose a salvo, hacia caso omiso de sus amenazas y prepotencias.

Cuando comprendió la raposa que por ninguno de estos modos le engañaría, se encaminó al árbol, empezó a roerlo con los dientes y a golpearlo fuertemente con la cola. El desgraciado animal se asustó sin causa, sin comprender que el miedo que le metía la raposa no podía traerle daño; se espantó sin causa y quiso huir a los otros árboles en que pensaba estar más seguro. No pudo llegar al bosque, pero alcanzó a otro árbol. Y desde que la raposa entendió que se atemorizaba sin razón, le persiguió y así le llevó de árbol en árbol hasta que le tomó y comió.

Vos, señor conde Lucanor, es necesario que, pues tan grandes acciones debéis pasar y os debéis aprestar a ellas, nunca temáis sin razón ni os espantéis gratuitamente por amenazas ni frases de nadie. Ni tampoco confiéis en aquello de que pueda proveniros daño o peligro; esforzaos siempre por defender y amparar los lugares más alejados de vuestras posesiones y no creáis que varón como vos, teniendo gente y alimentos, podríais peligrar por no ser el lugar muy fuerte. Si por miedo o falso recelo dejareis los lugares alejados de vuestras posesiones, estad seguro de que así os irán llevando de sitio en sitio hasta que os saquen de todo lo vuestro. Pues mientras mayor miedo y flojedad mostréis vos y los vuestros dejando esos sitios, más todavía se esforzarán vuestros enemigos por apoderarse de ello hasta que nada os dejen; si os mantenéis firme en vuestro primer sitio, estaréis seguro, como lo habría estado el gallo si hubiese permanecido en el primer árbol. Pienso que así ocurriría a todos los que tienen fortalezas si conociesen este cuento, pues no se asustarían sin razón cuando los atemorizan con engaños, fosos o torres de madera y otros artificios que no sirven sino para poner miedo a los que estén cercados. Y más os diré para que veáis que es verdad: nunca se puede tomar una posición inexpugnable si no es subiendo por el muro con escalas o cavándolo; si éste es demasiado alto, tampoco servirán las escalas. Para derruir un muro creed que se necesita largo tiempo. De modo que los lugares de que se apoderan o es por el miedo o por algo que falta a los cercados o por temor sin causa segura. Y ciertamente, señor conde, los semejantes a vos y hasta quienes no poseen vuestra nobleza, antes de iniciar algo, debéis analizarlo, y proceder con tino si no lo podéis evitar. Pero una vez que estéis en el asunto, por nada del mundo os atemoricéis, aunque sea razonable, porque es una verdad que, de los que se hallan en peligro, muchos más escapan de los que le hacen frente que de los que huyen. Observad que si un perrillo va a ser atacado por un mastín, se queda quieto y le muestra los dientes escapando muchas veces; en cambio, por enorme que sea, si huye, luego es tomado y muerto.

Mucho agradó al conde todo lo que le dijo Patronio, hízolo así y le fue bien.

Como don Juan consideró bueno el cuento, lo hizo incluir en este libro y escribió estos versos, que dicen:

No te espantes por cosa sin razón
mas defiéndete bien como varón.

Ejemplo XIII

DE LO QUE SUCEDIÓ A UN HOMBRE QUE CAZABA PERDICES

En otra oportunidad hablaba el conde Lucanor con Patronio, su consejero, y decíale:

–Patronio, algunos hombres poderosos y otros que no lo son tanto hacen a veces ofensas y daños tanto en mi hacienda como en mis gentes y cuando están ante mí me dan a entender que les pesa mucho haberlo cometido y me aseguran que lo hicieron por gran necesidad y con mucho dolor, pues no había excusa para ello. Deseo saber el modo de actuar cuando me hagan tales cosas, según vuestro atinado parecer.

–Señor conde Lucanor –respondió Patronio– esto que me decís os sucede y sobre lo cual solicitáis consejo se parece mucho a lo que sucedió a un cazador de perdices.

Rogóle el conde que le relatara aquello.

–Señor conde –exclamó Patronio–, un hombre colocó redes para apoderarse de unas perdices y cuando ellas cayeron, el cazador se acercó a la trampa en que yacían. A medida que las cogía, las mataba y sacaba de la red. Estando en ello, le daba en los ojos un viento tan recio, que le obligaba a llorar. Una de las perdices, que estaba viva en la red, empezó a decir a las otras:

–Ved, amigas, lo que hace este hombre. Aunque nos mata sabed que nos compadece y por eso está llorando.

Otra perdiz que estaba cerca, más astuta que la anterior, pues evitó caer en la red, le respondió así:

–Amiga, mucho agradezco a Dios porque me salvó y ruego a Él que me libre a mí y a mis compañeras del que me quiere matar y hace mal dando a entender que se duele de mi daño.

–Vos, señor conde Lucanor, guardaos siempre de quien viereis os hace daño y da a entender que le pesa mucho. Pero, si alguno os dañare, no por maldad ni deseo de deshonraros, y ese perjuicio no fuere cosa de mucha cuantía y el causante fuese persona que os ha prestado servicios y ayuda; lo hiciese, además, con dolor y por necesidad, en tales casos os aconsejo que hagáis caso omiso, pero siempre que no se repita tantas veces como para ser causa de daño o de vergüenza. Si lo cometiere manifiestamente contra vos, desterradle de manera que vuestra fortuna y vuestra honra queden siempre salvas.

El conde consideró buen consejo éste que le daba Patronio, lo siguió y le fue beneficioso.

Entendiendo don Juan que era muy buen apólogo, ordenó incluirlo en este libro y escribió los versos siguientes:

Del que te hiere mostrándote pesar
a muchas leguas debes arrancar.

Ejemplo XIV

DEL MILAGRO QUE HIZO SANTO DOMINGO CUANDO PREDICÓ JUNTO AL RICO MERCADER

El conde Lucanor hablaba un día con su consejero Patronio sobre sus problemas y le dijo:

–Patronio, algunos me aconsejan que reúna el mayor tesoro que pudiere, pues ello me serviría más que nada para cualquier cosa que me suceda. Os ruego que me digáis vuestro parecer sobre esto.

–Señor conde –exclamó Patronio–, a los grandes señores os es necesario tener algún tesoro para imprevistos, especialmente para no dejar de hacer, por falta de él, lo que fuere necesario. Empero, no entendáis que esa fortuna debéis reunirla de modo que toda vuestra voluntad esté puesta en ella, en desmedro de lo que tenéis que velar por los vuestros, por vuestra honra y vuestro estado, pues si así lo hiciereis, os podría suceder como a un lombardo en Bolonia.

El conde le preguntó cómo había sido.

Respondió Patronio:

–Señor conde, había en Bolonia un lombardo que reunió gran fortuna sin mirar su buena o mala procedencia, sino el modo de acrecentarla de cualquier manera. Enfermó de gravísima dolencia y un amigo suyo, desde que le vio desahuciado, aconsejóle que se confesara con Santo Domingo, entonces en Bolonia, a lo que el enfermo accedió.

Cuando fueron por Santo Domingo, comprendió éste que no era deseo de Dios que aquel mal hombre dejase de penar por los males cometidos, no quiso ir y envió un sacerdote. Cuando los hijos del lombardo supieron que había llamado a Santo Domingo, les pesó mucho, creyendo que el santo haría que su padre diese su fortuna por la salvación de su alma, con lo cual no quedaría nada a ellos. Cuando llegó el fraile, le dijeron que su padre en ese momento estaba sudando –inconveniente para verlo– y que ellos mandarían por él en cuanto fuese necesario.

Al poco rato el hombre perdió el habla y murió sin hacer nada por el bien de su alma. Cuando lo condujeron a enterrar, solicitaron a Santo Domingo que predicase junto al cadáver del lombardo, a lo que él accedió. Y cuando en la predicación tuvo que referirse al difunto, citó una sentencia del Evangelio que dice así: *Ubi est thesaurus tuus ibi est eor tuum*, lo que significa: Donde está tu tesoro allí está tu corazón. Dicho esto, volvióse a la gente y le dijo:

–Amigos: para que veáis que la palabra del Evangelio es verdadera, haced mirar el corazón de este hombre y yo os aseguro que no lo encontrarán en el cadáver: lo hallarán en el arca en que guardaba sus riquezas.

Fueron a mirar el corazón en el cuerpo y no lo encontraron en él sino en el cofre, como indicó Santo Domingo. Estaba lleno de gusanos y olía peor que cualquier cosa por mala y podrida que esté.

–Vos, señor conde Lucanor, aunque tener riquezas es bueno, como se dijo antes, cuidad de dos cosas: la una, que el tesoro que juntéis provenga de buen lugar; la otra es que no pongáis tanto vuestro corazón en los bienes de la fortuna como para dejar de hacer cosas rectas, ni atentéis contra vuestra honra, ni os apartéis de lo que se debe hacer para reunir tesoro de buenas obras, por las cuales gocéis de la gracia divina y del buen nombre entre la gente.

Al conde agradó mucho este consejo de Patronio, lo siguió y le fue muy bien.

Considerando don Juan que el apólogo era bueno, lo hizo escribir en este libro y agregó los versos que dicen:

Gana el tesoro verdadero
y guárdate del perecedero.

Ejemplo XV

DE LO QUE SUCEDIÓ A DON LORENZO SUÁREZ EN EL CERCO DE SEVILLA

En otra oportunidad conversaba el conde Lucanor con su consejero Patronio de este modo:

–Patronio, me sucede que tuve por enemigo a un rey muy poderoso, y a pesar de que la contienda entre nosotros duró mucho, por nuestro beneficio propio preferimos avenirnos. Ahora, amigos ya y sin sombra de enemistad, siempre estamos sospechosos el uno del otro. Personas de su bando y también del mío me intranquilizan diciéndome que busca modo de enfrentarme otra vez. En vista de vuestro buen tino, os ruego que me aconsejéis acerca de lo que debo hacer.

–Señor conde Lucanor –contestó Patronio–, es, por muchas razones, un caso difícil: en primer término, porque cualquiera que desee meteros en contienda dispone de muchos medios para lograrlo, ya que dándoos a entender que desea vuestro bien y se duele de vuestro daño, os dirá siempre cosas para poneros en sospecha, por la cual tendréis que hacer preparativos, verdadero inicio de contienda, y nadie se podrá oponer a ellos, pues el que os recomendara que no cuidéis vuestra existencia dará a entender que nada le importáis; y quien recomendare que no alcéis nuevas fortalezas y las dotéis convenientemente, mostrará que no le importa un bledo vuestro patrimonio; y el que os recomendare no tener muchos amigos y vasallos ni que les contentéis para conservarlos siempre, mostrará a las claras no importarle ni vuestra honra ni vuestra defensa. De modo que si todo esto no se cumple peligraríais y ello puede indicar el comienzo de los disturbios. Pero en vista de que deseáis consejo según mi entender, me agradaría conociéseis lo sucedido a un excelente varón.

El conde le pidió que se lo relatara.

–El santo y bienaventurado rey don Fernando –dijo Patronio–, tenía cercada a Sevilla. Entre los muchos excelentes caballeros que lo acompañaban, había tres que eran considerados por entonces los mejores del mundo: uno se llamaba Lorenzo Suárez Gallinato, el otro don García Pérez de Vargas y del tercero no recuerdo el nombre. Un día los tres discutían sobre cuál era el mejor caballero entre ellos y como no pudieron llegar a un acuerdo determinaron armarse muy bien y llegar hasta las puertas mismas de Sevilla y tocarlas con sus lanzas.

Temprano, al otro día, se armaron y se dirigieron a la ciudad. Los moros que estaban en las torres y murallas, al ver que sólo eran tres, los pensaron emisarios y no les salieron a hacer frente. Los caballeros pasaron la barbacana y el foso, hasta las puertas mismas de la ciudad, las cuales golpearon con los extremos de sus lanzas; hecho esto, volvieron las riendas y empezaron el regreso al campamento.

Los moros, al ver que nada les decían los pretendidos emisarios, se consideraron escarnecidos y salieron en su persecución. Cuando abrieron las puertas de la ciudad, los tres caballeros estaban algo alejados, a pesar de lo cual salieron en su seguimiento más de mil quinientos jinetes y unos veinte mil infantes. Al darse cuenta los tres caballeros de que sus perseguidores estaban ya encima, tornaron otra vez las riendas y esperáronlos; entonces ese caballero cuyo nombre olvidé, los enfrentó. Don Lorenzo Suárez y don García Pérez estuvieron quietos. Cuando ya los moros estuvieron más cerca, don García Pérez de Vargas los atacó, mientras don Lorenzo Suárez se mantuvo quedo, y no se dirigió a los musulmanes hasta que ellos lo fueron a atacar. Cuando esto ocurrió, se introdujo entre los moros y realizó proezas maravillosas.

Los del campamento cristiano, al verles cercados por los moros, fueron a socorrerles, pero, a pesar de la aflicción y de las heridas que los tres caballeros recibieron, quiso Dios que ninguno muriera. Fue tan intenso el batallar entre cristianos y moros, que llegó el rey don Fernando. La victoria de los cristianos fue enorme.

Ido para su tienda, el rey mandó prender a los caballeros, manifestándoles que merecían la muerte por aventurarse en tales locuras, atacando sorpresivamente sin orden suya y poniendo sus vida en tamaño riesgo. Sin embargo, después ordenó ponerlos en libertad porque los más importantes de su hueste pidieron merced para ellos.

Cuando supo el monarca que todo esto había ocurrido por la disputa acerca de cuál era el caballero más valeroso, ordenó que los mejores se reunieran con él para determinar quien había cumplido más con sus deberes. Una vez reunidos, hubo entre ellos gran desacuerdo, pues unos sostenían que mayor valentía demostró el primero en atacar, otros que el segundo y otros que el tercero. Cada cual alegaba tan buenas razones que parecía estar en lo cierto; y, en verdad, la acción era tan buena en sí misma, que cualquiera tenía derecho para alabarla. Al final de cuentas, el acuerdo fue éste: si los moros que se les vinieron encima eran tan pocos que podían vencerse por el esfuerzo o por la calidad de aquellos caballeros, el primero que fue a atacarlos era el mejor caballero, pues iniciaba algo que se podía terminar sin dificultad; pero si los moros eran tantos que de ningún modo podían ser vencidos, la verdad era que el que los atacó no lo hizo por vencerles, pues la vergüenza le sostenía de huir; como no debía arrancar, la impaciencia ante las circunstancias le impelió a atacar. Al segundo caballero que atacó a los moros y esperó más que el primero, le consideraron mejor, pues soportó más el temor. Pero don Lorenzo Suárez, que pudo soportar todo el miedo y que esperó hasta que los moros le atacaron, ése fue considerado como el mejor caballero.

Vos, señor conde Lucanor, pues veis que estos son miedos y temores y que sería contienda que, aunque iniciada, no podríais terminar, cuanto más los soportéis tanto más esforzado seréis y con más tino procederéis; y ya que lo vuestro está en buen pie y no os pueden hacer nada súbitamente que os cause gran daño, os recomiendo que no os dejéis guiar por la impaciencia. Y como no podéis recibir sorpresa, esperad a que os ataquen y así veréis que estos temores con que os intranquilizan no tienen fundamento, pues quienes se encargan de ello no hacen sino lo que les corresponde, porque no se encuentran bien sino causando males. Creed que éstos, tanto los de vuestra parte como los de la otra, no desean la guerra ni tampoco la paz, porque no son para la primera ni querrían tampoco la calma completa. Lo que buscan es confusión que les permita asolar las tierras y teneros a vos y a los vuestros en apuros para quitaros lo que tenéis sin recelo de castigo; y aunque os causen algún daño, como no os pueden arruinar, esperad que la culpa del conflicto venga del otro, lo que será provechoso, por una parte, porque tendréis a Dios de vuestro lado, lo que ayuda grandemente, y, por otra, porque toda la gente considerará justas vuestras acciones. Además, si no hacéis lo no debido al enemigo, no se moverá en contra vuestra y tendréis paz y serviréis a Dios, siendo estimado por los buenos y así no os dañaréis por satisfacer a los que quieren medrar con el mal, a quienes nada les importaría el daño que por ese camino os viniese.

Al conde agradó este consejo de Patronio, lo puso en práctica y le fue de mucho beneficio.

Considerando don Juan que el relato era muy bueno, lo mandó escribir en este libro y compuso los siguientes versos:

Por temores no os hagan atacar:
siempre vence el que sabe soportar.

Ejemplo XVI

DE LA RESPUESTA QUE DIÓ EL CONDE FERNAN GONZÁLEZ A SU PARIENTE NUÑO LAINEZ

El conde Lucanor hablaba un día de este modo con su consejero Patronio:

–Bien sabéis, Patronio, que no soy ya muy joven y que he tenido una existencia trabajada. Os aseguro que de aquí adelante querría descansar, cazar y librarme de trabajos y preocupaciones. Como sé que siempre me aconsejáis del mejor modo, os ruego me indiquéis qué me corresponde hacer.

–Señor conde –contestó Patronio–, aunque lo que pensáis es razonable, me agradaría que supieseis lo que dijo en una oportunidad el conde Fernán González a Nuño Laínez.

El conde Lucanor le rogó que le relatara aquello.

–Señor conde –respondió Patronio–, el conde Fernán González estaba en Burgos y había sufrido muchos trabajos por defender su tierra. Como estaba en sosiego y paz díjole Nuño Laínez que sería bueno que de allí en adelante no participara en tantas contiendas, que descansara y permitiese descansar a sus huestes.

Le respondió el conde que a nadie en el mundo le sería más grato que a él descansar y pasarlo regaladamente, si pudiese, pero que bien sabía él la gran contienda con los moros, leoneses y navarros. Si él descansara, sus enemigos muy pronto les atacarían. Si quisiesen andar a caza de hermosas aves por el Arlanzón arriba y el Arlanzón abajo, sobre buenas y robustas mulas, a la vez que desampara la tierra, bien podrían hacerlo, pero les sucedería entonces como en el viejo proverbio: *Murió el hombre y con él su nombre*. Si, por el contrario, quisieron olvidar la vida regalada y trabajar por la defensa de la tierra y subir en fama, después de la muerte de varones tan esforzados se diría: *Murió el hombre pero perduró su nombre*. Y ya que los de existencia regalada como los de existencia desgraciada, todos han de morir, no parece bueno dejar, por comodidades y blanduras, de cumplir con los deberes de modo que, una vez desaparecidos, nunca se apague la nombradía de tales acciones.

Vos, señor conde, pues estáis cierto de vuestra muerte, según mi consejo nunca dejéis de cometer hechos que, una vez desaparecido vos, conserven viviente vuestra fama.

Al conde le agradó mucho esto que le recomendó Patronio, lo hizo así y se encontró muy bien.

Como don Juan consideró muy bueno este ejemplo, lo hizo escribir aquí y agregó los siguientes versos:

Si por descansada vida la fama perdemos,
después de la muerte denostados quedaremos.

Ejemplo XVII

**DE LO QUE SUCEDIÓ A UN HAMBRIENTO AL QUE
CONVIDARON DESGANADAMENTE A COMER**

En otra oportunidad hablaba el conde Lucanor con su consejero Patronio y le decía:

–Patronio, se me acercó una persona y me dijo que haría por mi algo que me conviene mucho; aunque me lo expresó, comprendí que me lo proponía tan desganadamente que más le agradaría que no aceptase su ofrecimiento. Yo comprendo, por una parte, que me sería provechoso hacer lo que él me ofrece, pero, por otra, no tengo el menor deseo de aceptarlo, pues me lo dice tan sin entusiasmo. Os ruego, en mérito de vuestra agudeza, que me digáis vuestro parecer en esta oportunidad.

Respondió Patronio:

–Para que hagáis, señor conde Lucanor, lo que me parece más beneficioso, me agradaría que supieseis lo que sucedió a un hombre con otro que lo invitó a comer.

El conde se lo preguntó.

–Señor conde Lucanor –prosiguió Patronio–, un hombre muy digno había sido riquísimo en otra época, pasaba grandes pobrezas y le era muy vergonzoso pedir o humillarse para solicitar comida, razón por la cual pasaba las más de las veces grandes hambres y penalidades. Un día, yendo muy entristecido porque no tenía absolutamente nada para comer, pasó por frente a la casa de un conocido que estaba comiendo. Este, cuando le vio pasar, le invitó muy desganadamente a sentarse a su mesa. El pobre hombre, impulsado por la necesidad, empezó a lavarse las manos, mientras le decía:

–En realidad, don Fulano, ya que tanto me insististeis y rogasteis para que comiese con vos, no me pareció oportuno contradecir vuestros deseos ni desdeñar tan gentil ofrecimiento.

Así, se sentó a comer y calmó el hambre y la triste situación en que estaba; desde entonces, socorrióle Dios y le permitió encontrar el camino para apartarse de esa miseria.

Vos, señor conde Lucanor, pues comprendéis que aquello que os ruega este hombre es muy de beneficio para vos, dadle a entender que seguís su deseo por cumplir su voluntad y para nada reparéis en el modo desganado con que os lo propone ni esperéis a que os insista más; de otro modo, no os lo volverá a ofrecer y sería vergonzoso que tuvieseis que pedirle después lo que él os propone ahora.

El conde consideró que este era un buen consejo y lo siguió para su bien.

Como don Juan comprendió que era un buen cuento, lo hizo escribir en este libro, agregando estos versos:

En lo que te va a beneficiar
nunca te hagas mucho de rogar.

Ejemplo XVIII

DE LO QUE SUCEDIÓ A DON PEDRO MELÉNDEZ DE VALDES CUANDO SE LE QUEBRO LA PIERNA

Un día hablaba el conde Lucanor con Patronio, su consejero, y le decía:

–Sabéis, Patronio, que vivo en contienda con un vecino poderoso y honrado. Él y yo hemos decidido ir a una villa con el convenio de que ella será para el primero en llegar. Sabéis, también, que tengo ya a toda mi gente reunida, y confío en la merced divina que, si voy, saldré con honra y beneficio. Ahora estoy muy preocupado porque no lo puedo hacer debido a que no estoy muy sano; y aunque lo de la villa me significa gran pérdida, os aseguro que me considero más perjudicado por la honra que en mi enemigo recaerá que por la pérdida misma de dicha villa. Como tengo en vos tanta confianza, os ruego me digáis lo que mejor os pareciere en esto.

–Señor conde Lucanor –contestó Patronio–, aunque os quejáis con razón, para que en ocasiones como éstas hagáis siempre lo mejor, me gustaría que supieseis lo sucedido a don Pedro Meléndez de Valdés.

El conde le pidió que le relatara aquello; Patronio dijo:

–Señor conde Lucanor, don Pedro Meléndez de Valdés era muy honrado caballero de León y tenía por costumbre exclamar, siempre que algo le sucedía: «Bendito sea Dios; pues Él lo hace, esto es lo mejor».

Era este don Pedro consejero de toda confianza del rey de León. Sus contrarios, por la gran envidia que le tenían, calumniáronle malamente y le indispusieron de tal modo con el rey, que éste decidió mandarle matar.

Estando don Pedro en su casa, le llegó orden del rey de presentarse ante él. A media legua de la casa le esperaban los encargados de asesinarle, y aprestándose ya don Pedro para cabalgar, resbaló en una escalera, quebrándose la pierna. Cuando sus acompañantes vieron lo sucedido, se contrariaron mucho y comenzaron a burlarse de él, recordándole:

–Ea, don Pedro Meléndez, vos que decís siempre «lo hecho por Dios es lo mejor», mirad ahora esta merced con que os ha regalado.

Él les respondió que estuvieran ciertos de que, aunque ellos se molestaban con el imprevisto sucedido, verían más tarde que, si estaba ordenado por Dios, era lo mejor. Y aunque pugnaron mucho, no lograron apartarle de ese convencimiento.

Los que esperaban para matarle por orden real, al ver que no venía y saber lo acaecido, volvieron al monarca y le contaron la causa por la que no cumplieron su mandato.

Don Pedro Meléndez estuvo largo tiempo sin poder cabalgar. Así recluido, supo el monarca que cuanto le aseguraron de don Pedro era la mayor falsedad e hizo encarcelar a los que se lo dijeron. Después visitó a don Pedro Meléndez, contó la calumnia que le dijeron, cómo él ordenó matarle y le pidió perdón por el yerro cometido, fuera de hacerle mucho bien y honrarle, para merecer olvido de lo pasado. Ordenó luego ajusticiar ante don Pedro a quienes le habían calumniado.

Así salvó Dios a don Pedro Meléndez, porque no era culpable, y resultó verdadera la sentencia a que él siempre acudía: «Todo lo que hace Dios es lo mejor».

Vos, señor conde Lucanor, no os quejéis por el contratiempo que os ocurrió y dad por cierto que Dios hace aquello que es mejor. Si pensáis así, Él lo llevará todo por buen camino. Pero debéis entender que las cosas que suceden pueden ser de dos maneras: sucesos en que se pueden dar consejos y hechos que no los admiten. En los hechos en que se puede dar consejo se debe hacer todo lo posible por proseguirlos y no abandonarlos pensando que por designio divino o por cosa de suerte se mejorarán, pues ello sería tentar a Dios. Mas como el hombre está dotado de entendimiento y razón, todas las cosas que pudiere realizar para consolar sus pesares débelas intentar. Pero en aquello que no tiene vuelta, el hombre debe considerar que, pues se hacen por voluntad de Dios, son para mejor. Y si lo que os sucedió pertenece a lo que se produce por voluntad de Dios y no se puede variar, considerad que, pues Dios lo hace, es para mejor; Él verá modo de que se cumpla según vuestro deseo.

El conde consideró que Patronio le decía la verdad y le aconsejaba rectamente; siguió sus indicaciones, para su provecho.

Don Juan consideró bueno este relato, lo hizo escribir en el presente libro y compuso estos versos:

No te quejes por lo que Dios dispusiere,
pues por tu bien será cuanto Él hiciere.

Ejemplo XIX

DE LO QUE SUCEDIÓ A LOS CUERVOS CON LOS BÚHOS

En cierta oportunidad el conde Lucanor dijo a Patronio, su consejero:

–Patronio, tengo litigio con un hombre poderosísimo, quien mantenía en su casa a un pariente suyo, al cual había hecho grandes bienes. Un día, por disentimientos, mi enemigo le hizo tantos males y le causó tal deshonra, que aquel hombre viendo el daño recibido y en busca de propicia venganza, se me unió. Yo considero que me es beneficioso, pues me puede mostrar y prepararme para dañar más certeramente a mi enemigo. Confiado en vuestro excelente modo de ver las cosas, os ruego que me aconsejéis en ello.

Respondió Patronio:

–Lo primero que os digo, señor conde Lucanor, es que ese hombre no se os acercó sino para engañaros. Para que sepáis cómo piensa proceder, me agradaría que conocierais lo sucedido a los búhos y a los cuervos.

El conde le rogó que se lo contara.

–Señor conde Lucanor –continuó Patronio–, los cuervos y los búhos estaban muy enemistados, y quienes llevaban la peor parte eran los primeros, pues los búhos, según su costumbre de andar de noche y de estar en el día escondidos en cuevas muy ocultas, se dejaban caer de noche en los árboles y mataban a muchos cuervos, causándoles a los demás enorme daño. Viendo los cuervos esta ruina, uno de ellos, muy entendido, y que se dolía enormemente del daño que recibían de los búhos, sus enemigos, conversó con sus hermanos y les propuso este modo de vengarse: que le arrancaran a él el plumaje, dejando algo en las alas para volar poco y malamente. Una vez que estuvo así, todo maltrecho, se dirigió a los búhos y les contó que así lo habían dejado sus hermanos por haberles pedido que no estuviesen en guerra con ellos. Pero, en vista de que tales desmanes habían cometido en su contra, si ellos lo deseaban, él les mostraría muchos modos de vengarse de los cuervos y liquidarles de una vez.

Cuando los búhos le escucharon, se alegraron creyendo que por la parcialidad de este cuervo hacia ellos todo estaba arreglado, empezaran a halagarle y a confiarle todos sus hechos y secretos.

Entre los búhos había uno bastante viejo, que había pasado por muchas cosas. Desde que vio al cuervo se dio cuenta del tremendo engaño y dirigiéndose al jefe de los suyos le dijo que estuviese seguro de que la venida de aquel cuervo era con la intención de dañarles y averiguar sus secretos, por lo cual debían echarlo de su compañía. El búho viejo no fue creído por los restantes y se separó de ellos, extrañándose a tierras donde jamás le hallaran los cuervos.

Los otros búhos no dudaron del cuervo. Este, una vez que le crecieron las plumas, manifestó a los búhos que, pues ya podía volar, iría a saber donde andaban los cuervos y regresaría a comunicárselo para que de ese modo se reunieran y los destruyeran definitivamente. Esto agradó mucho a los búhos.

Reunido el cuervo con sus compañeros, hubo un gran conciliábulo, y al conocer los secretos de los búhos, se les fueron encima de día, cuando ellos no vuelan y están seguros y sin recelo. Mataron e hirieron a tantos, que quedaron los cuervos como definitivamente vencedores. Este mal vino a los búhos por fiar en el cuervo que naturalmente era su enemigo.

Vos, señor conde Lucanor, si sabéis que ese hombre que se os acercó está muy relacionado con vuestro enemigo, y naturalmente él y los suyos son también enemigos vuestros, os aconsejo que de ninguna manera le admitáis en vuestra compañía; contrariamente, sed cierto de que vino a vos sólo por engañaros y causaros daño. Pero si él quisiese serviros estando alejado de vos, de manera que no os pueda perjudicar ni tener conocimiento alguno de vuestra hacienda, y, todavía más, haciendo tanto mal y tantas ofensas a ese vuestro enemigo con quien él está emparentado, que os permitan comprender que nunca habría oportunidad de avenirse con él, entonces podréis confiar. Pero creed en él en cantidad tal, que nunca os pueda venir daño de semejante confianza.

El conde consideró que este era un buen consejo y lo puso en práctica. Como comprendió Don Juan que el ejemplo era bueno, lo hizo escribir en este libro y agregó estos versos:

Al que tu enemigo puede ser
nunca le debes mucho creer.

Ejemplo XX

DE LO QUE SUCEDIÓ A UN REY CON UN MALANDRÍN QUE SE HIZO PASAR POR ALQUIMISTA

Hablaba un día el conde Lucanor con Patronio, su consejero, de este modo:

–Patronio, un hombre se me ha acercado a decirme que me hará ascender en poder y en honra, para lo cual es necesario que le aporte algo de mis bienes para comenzar el negocio. Me dice que una vez terminado, dará diez por cada dinero invertido. En vista de vuestro excelente tino, os ruego que me digáis qué debo hacer.

Respondió Patronio:

–Señor conde Lucanor, había un gran pícaro que no hallaba cómo enriquecerse y abandonar aquella mala vida que pasaba. Supo aquel hombre que cierto rey, no era muy listo, se estaba esforzando por hacer oro con alquimia.

El pícaro tomó cien doblas, las limó y mezclando aquellas limaduras con otros materiales, hizo cien bolitas, cada una de las cuales pesaba lo que una dobla, incluyendo la mezcla. Entonces se dirigió hacia la ciudad en que habitaba el rey, y vistiendo ropas muy autorizantes, llevó a vender las bolitas donde un boticario. Este le preguntó que para qué servían, a lo que respondió el badulaque que para muchas cosas, principalmente para hacer oro, pues sin ellas era imposible lograrlo. Le vendió, pues, las cien bolitas en dos o tres doblas. Al preguntarle el boticario por el nombre de aquellas bolitas, el pícaro le dijo que su nombre era «tabardíe».

El hombrecillo se quedó viviendo algún tiempo en la ciudad, muy sosegadamente, y a unos y a otros les fue diciendo, como en secreto, que era alquimista.

Tales noticias llegaron al rey, quien lo envió a buscar y le preguntó si sabía el arte de la alquimia. El pícaro aunque simuló que deseaba ocultárselo, al cabo le dio a entender que sí, pero pidió al rey que no se lo confiase a nadie y que en una empresa semejante nunca aventurara mucho dinero. Le agregó que si en verdad lo deseaba, podría hacer algunas pruebas en su presencia y que le mostraría sus conocimientos. El rey se lo agradeció mucho y dedujo de todo esto que no había engaño alguno. Hizo traer lo que pidió el falso alquimista, todo muy fácil de hallar, entre lo cual figuraba una bolita de tabardíe; la totalidad de lo pedido no pasaba el valor de unas pocas doblas. Cuando hubieron traído la bolita y la fundieron ante el monarca, resultó oro con el peso de una dobla de oro fino. Al ver el rey que de cosa de tan poco valor salía una dobla, se alegró mucho y se consideró el más afortunado del mundo. Al pícaro que esto hacía le dijo que lo consideraba un hombre excelente y que continuara con la alquimia, a lo que éste respondió, como haciéndose el desentendido:

–Señor, cuanto sabía de este arte, todo os lo he mostrado, de modo que en lo venidero podréis hacerlo tan bien como yo. Pero conviene que no olvidéis una cosa: cualquiera de estas cosas que falte impedirá que se haga oro.

Dicho esto, el alquimista se despidió del rey y se fue para su casa.

El rey realizó la prueba de hacer oro sin aquel maestro, dobló la receta y resultó oro por valor de dos doblas. Duplicó nuevamente la receta y esta vez salió peso de cuatro doblas. Y a medida que fue aumentando la receta, aumentaba también el número de doblas resultantes. Cuando el rey vio que podía hacer cuanto oro se le antojaba, ordenó traer materiales como para fabricar mil doblas. Hallaron todo, menos el tabardíe; al ver el rey que, faltando el tabardíe, no podía hacerse oro, mandó a buscar al maestro, el falsificador, y le dijo que no salían las cosas como era acostumbrado. El malandrín le preguntó si tenía todo lo que el había indicado por escrito. El rey le respondió que sí, pero que le faltaba el tabardíe.

El alquimista le recordó que desde el primer día él le había advertido que faltando cualquier ingrediente de la receta no se podía hacer oro. El rey le preguntó si sabía dónde se encontraba ese tabardíe, a lo que el falso alquimista respondió afirmativamente.

Ordenó el rey que pues sabía donde estaba, fuese a buscarlo y trajese tanto como para hacer cuanto oro se le antojase a él.

El malvado manifestó al rey que aunque otro podría hacer esa búsqueda tan bien como él, por prestarle un servicio, iría a traer tabardíe de su tierra, donde había bastante. Le dijo a su señor a cuanto ascendería el gasto y calculó una enorme cantidad.

Cuando la tuvo en su poder, emprendió las de Villadiego y nunca regresó a presencia del rey, que quedó engañado por su poco tino. Cuando el rey vio que demoraba más de lo debido, envió a preguntar a la casa en que había residido si sabían noticias de él. En la casa no encontraron nada, con excepción de un arca cerrada. Al abrirla, hallaron en ella un papel que decía:

«Estad cierto de que no hay tabardíe en punto alguno de la tierra. Simplemente os he engañado y cuando os afirmaba que os haría rico debierais haberme respondido que me enriqueciera yo primero, para creerme».

De ahí a unos días, un grupo de hombres estaban riendo y entreteniéndose. Escribían todos los nombres de las personas que ellos conocían, clasificándolos de acuerdo a cómo eran, de modo que decían: los valientes son tales y cuales; los ricos, fulano y fulano; los avisados éste y aquél, y de ese modo los agrupaban por excelencias o por defectos.

Llegado el momento de hacer la lista de los tontos, pusieron primeramente «el rey». Cuando él lo supo, les envió a llamar y les aseguró que no recibirían daño alguno. Preguntóles la razón por que le habían inscrito entre los tontos, a lo que respondieron ellos: por haber dado tanto dinero a un extraño y desconocido.

Respondióles que erraban, pues si volvía el ladrón, él no quedaría por de poco alcance. Ellos afirmaron que eso no haría variar el cómputo, pues si el malandrín regresaba, sacarían de la lista al rey para ponerlo a él.

Vos, señor conde Lucanor, si no deseáis que os consideren necio, no arriesguéis mucho de lo vuestro por aquello que no es seguro; no sea que debáis arrepentiros por excesiva confianza de que os significará un gran beneficio.

Agradó este consejo al conde y lo puso en práctica con éxito.

Viendo don Juan que el cuento era bueno, lo hizo escribir en el libro y agregó estos versos:

Nunca aventures mucho tu riqueza
por consejo del que vive en pobreza.

Ejemplo XXI

DE LO QUE SUCEDIÓ A UN REY JOVEN CON UN GRAN FILÓSOFO AL CUAL LO HABÍA ENCOMENDADO SU PADRE

Hablaba en otra oportunidad el conde Lucanor con Patronio, su consejero, de este modo:

–Patronio, me sucedió que yo tenía un pariente muy querido, quien, al morir, dejó un hijo pequeñuelo, al cual crié. Por el parentesco y gran cariño que tenía a su padre, y por la ayuda que espero del hijo en su oportunidad, le eduqué esmeradamente y Dios que le amo como si fuese mi verdadero hijo. Aunque tiene gran entendimiento y yo confío que será excelente hombre, como la mocedad engaña muchas veces a los jóvenes y les impide realizar lo que les corresponde, me agradaría que no ocurriera así en este caso. Por vuestro buen entendimiento, os ruego que me digáis de qué modo podría yo hacer para que él se inclinara únicamente a lo más provechoso para su cuerpo y fortuna.

–Señor conde Lucanor –fue la respuesta de Patronio–, para que por este joven hagáis lo mejor, querría que supieseis lo que sucedió a un gran filósofo con un joven, su discípulo.

El conde se interesó por el caso, que narró así Patronio:

–Señor conde Lucanor, un rey tenía un hijo que entregó a un filósofo de su confianza para que le enseñara. Cuando el monarca murió, le sucedió su pequeño heredero. El filósofo continuó educándole hasta que pasó los quince años. Luego que llegó a esa edad empezó a menospreciar los consejos de su maestro y se acercó a los consejeros de otros jóvenes, poco relacionados con él, aunque muy esforzados por apartarle de daño.

Llevando así las cosas, antes de mucho tiempo estuvo en condición que las costumbres de su cuerpo y los usos de su fortuna empeoraron mucho, y el comentario de todos era el derroche de energías y de riquezas que hacía el joven rey. A todo esto, el filósofo que crió al rey sufría y estaba muy apesarado, sin saber qué hacer, ya que en muchas oportunidades probó encaminarle con halagos y hasta maltratándole, con lo cual jamás logró nada, pues la juventud era estorbo en todo. El filósofo, al ver que por otro camino no podía mejorar aquello, meditó lo que oiréis.

Empezó poco a poco a dar a entender que él era el mejor agorero del mundo; tantos se lo oyeron, que pronto lo supo el joven rey y le preguntó si era verdad que sabía interpretar el canto de las aves tan bien como afirmaban. El filósofo, aunque dio a entender que deseaba ocultarlo, al final lo reconoció, pero señaló como necesario que nadie lo supiese. Como los jóvenes son majaderos para averiguar y hacer todo lo que se les antoja, el rey, siéndolo, importunaba mucho por ver cómo cataba agüeros el filósofo. Mientras éste más alejaba la oportunidad, más apremio tenía el joven por saberlo, y tanto solicitó al filósofo que acordaron ir un día muy de mañana de modo que nadie lo supiese.

Madrugaron mucho y el filósofo le encaminó a un valle en el cual había numerosas aldeas abandonadas; cuando pasaron por varias, vieron a una corneja que estaba graznando en un árbol; mostróla el rey al filósofo y éste simuló que la entendía.

Otra corneja empezó a gritar en un árbol vecino y las dos estuvieron así graznando como en plática. Cuando el filósofo escuchó esto un rato, empezó a llorar desconsoladamente, rasgando sus vestiduras y haciendo las mayores demostraciones de duelo.

El joven monarca, al ver esto, quedó espantado y preguntó al filósofo la razón de sus acciones. El anciano le dio a entender que se la quería ocultar, como le insistiera mucho, le manifestó que más deseaba estar muerto que vivo, pues no sólo los hombres, también las aves, comprendían que por sus malos procederes la tierra estaba estragada y su fortuna y cuerpo despreciados. El jovencito preguntóle que cómo podía ser aquello.

El sabio le contó que aquellas dos cornejas habianse propuesto casar el hijo de una con la hija de la otra; que la corneja que graznó primero decía a la segunda que ya era tiempo de casamiento, pues hacía tanto que lo planearan. Respondíale la otra corneja que todo era cierto, pero que ella era ahora mucho más rica y, gracias a Dios, desde que reinaba este monarca, todas las aldeas de ese valle estaban abandonadas por pobreza y en las casas encontraba muchas culebras, sapos, lagartos y cosas semejantes que se crían en los lugares deshabitados. Como ahora tenía mucho mejor comida que la acostumbrada, el matrimonio no resultaba igual que antes. Al oír esto, la otra corneja empezó a reír y le respondió que era de poco seso aplazar por esa razón el casamiento, pues bastaba que Dios diese vida a este nuevo rey para que ella fuera muy luego aún más rica, en vista de que pronto quedaría yermo el valle que ella habitaba, y en el cual había diez veces más aldeas que en el de la otra corneja; no era, pues, razón la aludida para demorar la boda, por lo que decidieron prepararla muy pronto.

Cuando el joven rey oyó esto, se apesaró y empezó a meditar como iba en su detrimento acabar así con lo suyo. El filósofo, desde que vio el pesar y la meditación del rey y su buena intención de preocuparse del patrimonio, le aconsejó muy buenamente, de modo que en poco tiempo todo tornó a buen camino, tanto en lo relativo a su existencia como en el manejo de su reino.

Vos, señor conde, pues tenéis a vuestro cargo ese joven y deseáis que enderece sus pasos, buscad modo de que por cuentos o por relatos bien aplicados y placenteros, entienda sus obligaciones. Por nada del mundo riñáis con él amonestándole ni tratándole con dureza para reducirle a bien, que la naturaleza de los jóvenes les hace aborrecer pronto al que les censura. Mayormente, si son hombres de elevada condición, tomándolo como menosprecio, sin reparar en cuánto se equivocan. Aunque no hay en el mundo amigo tan bueno de los jóvenes como el que les encamina, ellos no lo consideran así, sino del modo peor. Sucedería, pues, que entre vos y él se produciría enemistad, dañosa para ambos en lo venidero.

Al conde le agradó mucho el consejo de Patronio, lo siguió y le fue provechoso.

Como don Juan se complació con este relato, lo hizo poner en el libro y escribió los siguientes versos:

Al joven nunca encamines con enojos:
pon el error sabiamente ante sus ojos.

Ejemplo XXII

DE LO QUE SUCEDIÓ AL LEÓN Y AL TORO

Conversando en otra ocasión el conde Lucanor con Patronio, su consejero, le decía:

–Patronio, tengo un amigo muy poderoso y meritorio y aunque hasta este instante no he recibido de él sino satisfacciones, algunos me aseguran que no me estima como antes y, todavía más, que busca la manera de estar en mi contra, por lo que tengo grandes preocupaciones, pues si sospecha que estoy poniéndome a salvo de sus intenciones, hará él lo mismo, de modo que irán aumentando la desconfianza y la antipatía hasta que llegue la ruptura. Como tengo tanta confianza en vos, os ruego que me aconsejéis de acuerdo con lo que os parezca mejor.

–Señor conde Lucanor –dijo Patronio– para que estéis a salvo de riesgos, me agradaría que conocierais el caso del león y del toro.

El conde le rogó que se lo contara.

–Señor conde Lucanor –prosiguió Patronio–, el león y el toro eran grandes amigos, y como ambos son animales fuertes y temidos, se apoderaban y dominaban a todos los restantes; el león, ayudado por el toro, ponía en aprietos a todos los animales que comen carne y el toro, con la ayuda del león, apremiaba a los que pacen. Desde el instante en que los animales comprendieron que el león y el toro les tenían en apuros por medio de la ayuda que mutuamente se prestaban, lo cual era la causa de su daño, se pusieron de acuerdo para ver modo de solucionar el asunto.

Se dieron cuenta de que si pudieran enemistar al toro y al león estarían libres de sus amenazas. Como la zorra y el carnero eran más allegados al león y al toro que los otros animales, los restantes les encargaron que hicieran todo lo posible por poner entre ellos una gran enemistad, lo que ambos prometieron lograr aun a costa de mucho esfuerzo.

La zorra, que hacía de consejero del león, pidió al oso –la más fuerte de las bestias carnívoras después del león– que dijera a éste que, al parecer, el toro andaba buscando manera de causarle el mayor daño, lo cual se lo habían comunicado hacía días; aunque acaso no era cierto, convenía estar sobre aviso.

Lo mismo dijo el carnero, que aconsejaba al toro, –al caballo– el animal más fuerte entre las bestias pacedoras.

De modo que el oso y el caballo comunicaron estas cosas al león y al toro. Aunque éstos no lo creyeron del todo, sospechando que los más honrados de su hueste decían eso para intrigar, no pudieron librarse de cierta sospecha. Por lo cual cada uno habló con sus respectivos consejeros, el carnero y la zorra.

Ellos les dijeron que tal vez el oso y el caballo decían aquello con intención de engaño, a pesar de lo cual sería oportuno observarse mutuamente dichos y obras, desde ese momento en adelante; según lo que se viese serían las determinaciones.

Esto trajo mayores sospechas entre el león y el toro. Cuando los animales comprendieron que sospechaban uno de otro, empezaron a darles a entender más desembozadamente que cada uno recelaba de su contrario, lo cual no podía provenir sino de las malas voluntades que escondían sus corazones.

La zorra y el carnero como falsos consejeros, mirando su beneficio y con olvido de la lealtad debida a sus señores, en lugar de mostrarles la verdad, les engañaron tanto hasta lograr que su antigua amistad se trocara en odio. Desde que los animales vieron esto, exigieron más a sus cabecillas, hasta que lograron poner contienda entre el león y el toro, dándoles a entender que sólo se preocupaban de ellos, cuando en verdad únicamente velaban por sí mismos y hacían recaer todo el daño sobre sus señores.

El asunto terminó así: aunque el león hizo más daño al toro y humilló mucho su poder y honra, no pudo evitar que de ahí adelante su dominio sobre los restantes animales quedara muy disminuido y no pudo seguir enseñoreándose ni con las bestias de su condición ni con las otras. Así, porque el león y el toro no comprendieron a tiempo que gracias a la amistad y el apoyo mutuos eran acatados y por ello dominaban a los otros animales, y porque no supieron conservar esa provechosa relación ni rehusaron las palabras de los malos consejeros, quienes querían salir de sus apuros apremiándoles a ellos, por eso, salieron tan mal de ese asunto.

Vos, señor conde Lucanor, precaveos de los que os ponen en sospecha contra vuestro amigo; no sea que lo hagan por dejaros en la misma situación que al toro y al león. Por lo mismo, os aconsejo que si vuestro amigo es leal y de él no recibisteis sino buenas obras y confiáis en lo suyo como uno se confía del hijo o del hermano buenos, no creáis nada de lo que os digan contra él. Primeramente, decidle lo que os cuentan y él, a su vez, os comunicará lo que digan de vos. Haced un buen escarmiento en los que inventan tales calumnias, para que ni ellos ni otros se atrevan a urdirlas nuevamente. Pero si, contrariamente, el amigo no fuere de esa condición y fuere de los que se tienen por un tiempo, por una circunstancia o por necesidad, a ése no le comuniquéis ni le deis a entender que sospecháis de él o que pensáis emprenderlas en su contra; perdonad, en tal caso, algunos de sus yerros, pues de ningún modo ocurrirá que os cause un gran daño del cual no veáis antes una señal; daño que podría resultar de desavenencias engañosas o arterías como las que arriba se han expuesto. A semejante amigo dadle siempre a entender que así como vos necesitáis su ayuda, así él requiere de la vuestra. Por una parte, haciéndole beneficios, mostrándole buena voluntad, no sospechando sin razón de él, ni creyendo las invenciones de los malvados y, acaso, permitiéndole uno que otro yerro; por otra, dándole a entender que tanto necesitáis vos su ayuda como él la vuestra. De este modo durará la amistad entre vosotros y estaréis a salvo de incurrir en los errores del león y el toro.

Al conde le agradó mucho el consejo de Patronio, que le fue muy beneficioso.

Don Juan, comprendiendo que el cuento era muy bueno, lo hizo escribir en este libro, agregándole estos versos:

Por decires de hombre mentiroso
no pierdas amigo generoso.

Ejemplo XXIII

DE LO QUE HACEN LAS HORMIGAS PARA MANTENERSE

En cierta oportunidad conversaba el conde Lucanor con Patronio, su consejero, de este modo:

–Patronio, a Dios gracias, soy bastante rico. Algunos me aconsejan que, pues me es posible, no piense sino en pasarlo bien, en comer, beber y gozar, porque tengo bastante para mí y hasta para dejar a mis hijos abundantes bienes. Os ruego, en vista de vuestro excelente tino, que me aconsejéis acerca de lo que debo hacer.

–Señor conde Lucanor –dijo Patronio–, aunque el descansar y el pasarlo bien son buenos, para que realicéis en esto lo de mayor provecho, me agradaría que supieseis lo que hace la hormiga para su mantenimiento.

Preguntó el conde cómo era aquello y le respondió Patronio:

–Señor conde Lucanor, ya veis la pequeñez de la hormiga, según la cual sería razonable que no necesitara grandes alimentos, pero encontraréis que cada año, al tiempo de recoger los hombres el trigo, ellas abandonan sus hormigueros, van a las eras, traen cuanto pueden para mantenerse y guárdanlo en sus casas. A la primera lluvia, lo sacan y la gente dice que lo hacen para secarlo; mas no conocen lo que afirman, pues no es esa la verdad, ya que bien sabéis que, cuando las hormigas sacan por primera vez el trigo fuera de sus hormigueros, es porque llueve y el invierno comienza. Si ellas cada vez que llueve tuvieran que sacarlo para que se seque, largo trabajo tendrían, además de que no contarían con el sol para ello, pues en el invierno no lo hay tantas veces como para lograrlo,

Sin embargo, la verdad de por qué ellas sacan por primera vez el trigo es ésta: introducen cuanto trigo pueden en sus casas de una vez, y no piensan en nada más sino que en acarrearlo. Cuando lo tienen ya a salvo, consideran que poseen provisión para el año. Después viene la lluvia, se moja el grano, y empieza a germinar: comprenden ellas que si el trigo brota, en lugar de serles sustento, las mataría y serían ellas mismas las causantes de ese daño. Entonces, retíranlo fuera y comen el corazón que hay en cada grano, del cual sale la planta, y dejan el resto entero. Posteriormente, por mucho que llueva, no puede germinar y se alimentan de él durante todo el año.

Hallaréis, además, que aunque tengan el trigo necesario, cada vez que hace buen tiempo, arrastran hasta su casa cualquier hierbezuela que hallan, lo cual hacen recelando que podría faltarles aquello que guardan; mientras pueden, no quieren estar de balde ni perder el tiempo que Dios les da, pues pueden aprovecharlo.

Vos, señor conde Lucanor, si veis que la hormiga, tan pequeña, posee semejante entendimiento y hace todo lo dicho para mantenerse, debéis considerar que no es beneficio para ningún hombre –menos para los que deben mantener sus altos cargos y gobernar a muchos– desear comer de lo ganado. Estad cierto de que por grande que sea la fortuna, aquello de lo cual cada día sacan y nada ponen, no puede durar mucho; parece, además, error grande y falta de valor. Mi consejo es éste: si queréis comer y gozar, haced lo manteniendo vuestro rango y cuidando vuestra honra. Asimismo, poniendo enorme cuidado en vuestras acciones, pues si sois dueño de mucho y queréis ser bueno, bastantes oportunidades tendréis para gastar, creciendo en vuestra honra.

Al conde agradó mucho el consejo que le dio Patronio, cumpliólo y le fue beneficioso.

Como don Juan encontró excelente el ejemplo, lo hizo poner en este libro y escribió los siguientes versos:

No comas siempre de lo que has ganado;
vive tal vida que mueras honrado.

Ejemplo XXIV

**DE LO QUE SUCEDIÓ A UN REY QUE QUERÍA PROBAR
A SUS TRES HIJOS**

El conde Lucanor le contaba un día a Patronio, su consejero:

–Patronio, en mi casa se crían muchos jóvenes, hijos de hombres de gran posición y de otros que no lo son tanto, y yo veo en ellos muy distintas aptitudes. Por vuestro buen entendimiento, os ruego que me digáis cómo puedo saber cuáles llegarán a ser hombres de más méritos.

–Señor conde –respondió Patronio–, lo que me pedís es dificilísimo de afirmar con certeza, pues nada se puede saber de lo porvenir y lo que me preguntáis, a todas luces pertenece al futuro; lo poco que se puede colegir es gracias a algunas características espirituales y externas de los muchachos. Las externas son los rasgos faciales, su donaire, su color, la talla del cuerpo y de los miembros, de lo cual se deduce la constitución de los órganos principales, que son el corazón, el cerebro y el hígado. Pero como son solamente señales, no se puede saber con seguridad lo que revelan, pues pocas veces hay acuerdo entre ellas y la verdad: unas señales muestran algo y otras lo contrario, pero, por lo general, corresponden a la realidad.

De esas señales, las más ciertas son las del rostro, particularmente las de los ojos, y también la apostura, que por lo general no falla. No creáis que se habla de donaire por ser un hombre hermoso de rostro, ni feo, pues hay muchos hombres hermosos y atrayentes que carecen de talante varonil; otros en cambio, son feos y poseen mucha gallardía para figurar como hombres apuestos.

La talla del cuerpo y de los miembros muestra la complexión e indica si el hombre es valiente o ágil; eso es lo que muestran las señales del cuerpo, de las cuales, por cierto, no se desprende cuáles han de ser las obras. Porque, insisto, ellas son señales y al llamarlas así se quiere decir cosa no segura, pues la señal es aparente, no siendo forzoso que ocurra lo revelado por ella. Esas son las señales externas, siempre muy dudosas para conocer lo que vos, señor conde, me preguntáis. Para conocer a los muchachos por indicios internos, algo más seguro, me agradaría que supierais cómo probó una vez un rey moro a tres hijos que tenía para saber cuál de ellos era el más meritorio.

El conde le rogó que se lo contara.

Prosiguió Patronio:

–Señor conde Lucanor, un rey moro tenía tres hijos. Como entre los moros el padre puede hacer que reine el hijo que desee, cuando llegó a viejo, los poderosos del reino le pidieron que les señalase cuál de aquellos hijos quería que reinara después de sus días. El rey prometió responderles de allí a un mes.

Una tarde, cuando habían pasado ocho o diez días de lo anterior, advirtió a su hijo mayor que muy de mañana quería salir con él a caballo. Al otro día, el hijo mayor vino a buscar a su padre, pero no tan temprano como éste le dijera. Cuando estuvo a su lado, el rey le hizo presente que deseaba vestirse y le pidió que le trajera sus ropas. El infante pidió al camarero que las trajese y el camarero le preguntó qué vestiduras deseaba su señor. El rey respondió que la aljuba y el infante fue nuevamente al camarero para comunicárselo. El servidor inquirió por cuál almejía deseaba el rey y el infante fue a preguntárselo. Así lo fue haciendo con cada vestidura, yendo y viniendo por cada pregunta hasta que el rey tuvo todas sus ropas. Vino entonces el camarero, le vistió y le calzó.

Una vez vestido y calzado, ordenó el rey a su hijo que hiciera traer los caballos; el primogénito pidió al caballerizo que los trajera y como el guardador le preguntó que cuáles usarían, el primero fue a preguntárselo a su padre, lo que repitió por la silla, los frenos, la espada, las espuelas y por todo lo necesario para cabalgar. Cada cosa la fue a preguntar a su padre.

Cuando todo estuvo listo, manifestó el rey a su hijo que no cabalgaría y que se fuese él solo a dar un paseo por la ciudad, fijándose en todo para que, al regreso, se lo contara.

El infante se marchó, acompañado por los más nobles del reino, al son de trompetas, tambores y otros instrumentos. Anduvo un rato por la ciudad y cuando regresó, el rey le pidió su parecer sobre lo que vio, a lo que respondió él que todo le agradaba, con excepción del gran ruido de aquellos instrumentos.

Unos días después, el rey pidió al segundo de sus hijos que viniera a buscarle muy de mañana, lo que el infante cumplió. El rey le hizo todas las pruebas a que sometió a su hijo mayor y el infante las cumplió; como el otro, respondió a la pregunta final de su padre afirmándole que la ciudad estaba bien.

Por último, el rey pidió al menor de sus hijos que le fuese a buscar muy de mañana. El infante madrugó y estaba esperando al rey antes de que despertara. Cuando el rey despertó, entró en su cámara y se humilló ante él con la debida reverencia. El rey le pidió sus ropas y el infante le preguntó que cuáles deseaba; una vez que supo qué vestiduras y calzado deseaba, fue a buscarlos y se los trajo. No permitió que el camarero le vistiese y calzara; lo hizo él, dando a entender que se sentía dichoso si su padre le permitía servirle. El solo hecho de ser su padre justificaba sus esmeros y atenciones.

Cuando el rey estuvo vestido y calzado, pidió al infante que hiciera traer los caballos. Este le preguntó qué caballo, qué silla, qué frenos, qué espada y qué aparejos para montar necesitaría; además, por los acompañantes que deseaba tener en el paseo y todo lo necesario. Averiguado esto, no preguntó más; lo trajo todo y lo preparó como el rey se lo ordenara.

Cuando todo estuvo hecho, el rey dijo que ya no deseaba salir y que cabalgase él para contarle después todo lo que viera. El infante se fue y le acompañó un cortejo como a sus hermanos; pero ni él, ni ellos, ni nadie sabían las razones de lo que el rey estaba haciendo.

Mientras cabalgaba, el infante pidió que le mostrasen minuciosamente la ciudad por dentro, sus calles, el lugar en donde el rey guardaba el tesoro, el número de mezquitas, la cantidad de habitantes, fuesen nobles o simples gentes. Después salió de la ciudad y pidió que le acompañasen todos los guerreros, jinetes e infantes, y les ordenó que le demostraran su capacidad militar; revisó los muros, torres y fortalezas de la villa y, visto todo, regresó junto a su padre.

Cuando volvió era ya muy tarde. El rey le preguntó por lo que había observado y el infante le manifestó que, si no le pesaba, le diría su parecer sobre todo ello. Respondió el rey que, so pena de su bendición, le dijese todos sus pareceres. El hijo le expresó que, aunque era un buen rey, a él le parecía que no lo era tanto como debiera, pues si lo fuera, con tanta y tan buena gente, con tanto poder y riquezas, no había razón para que todo el mundo no fuera suyo.

Al monarca le agradó mucho esta sinceridad de su hijo y cuando llegó el plazo de dar respuesta a los que se preocupaban por la sucesión, les contestó que al menor de sus hijos les daba por rey.

Lo cual hizo por las señales que vio en los otros y las que vio en el menor. Aunque hubiera deseado a otro de más edad para sucederle, no lo consideró oportuno por lo que pudo apreciar en los demás y en el elegido.

Vos, señor conde, si queréis saber qué joven será mejor, fijaos en esas cosas, y así podréis entender bastante de su capacidad.

Al conde le agradó mucho lo expresado por Patronio.

Como don Juan lo consideró un cuento de gran calidad, lo hizo incluir en este libro con los siguientes versos:

Lo que un joven llegará a ser
por su obra lo podrás saber.

Ejemplo XXV

DE LO QUE SUCEDIÓ AL CONDE DE PROVENZA CUANDO SE LIBRÓ DE PRISIÓN POR CONSEJO DE SALADINO

El conde Lucanor hablaba una vez con Patronio, su consejero, de esta manera:

–Patronio, un vasallo mío me dijo el otro día que deseaba casar a una parienta suya y que así como él se consideraba obligado a aconsejarme del mejor modo posible, me pedía que hiciera yo lo mismo para planear mejor ese matrimonio, por lo cual me expuso quienes eran los pretendientes. Como se trata de quien yo querría que accrtase en todo y conozco vuestra experiencia, os ruego que me comuniquéis vuestro parecer, para poderle dar un consejo que le aporte beneficio.

–Señor conde Lucanor –exclamó Patronio–, para que podáis aconsejar bien a quien haya de casar a una joven, me agradaría mucho que supieseis lo que sucedió al conde de Provenza con Saladino, sultán de Babilonia.

El conde le rogó que le relatara el caso.

–Señor conde Lucanor –exclamó Patronio–, hubo en Provenza un conde, hombre excelente, cuyo deseo era hacer actos por que Dios se apiadase de su alma y pudiera ganar la bienaventuranza eterna, de acuerdo con su nobleza y estado. Para poderlo llevar a cabo, reunió numerosa hueste, muy bien preparada, y se encaminó a Tierra Santa, prometiéndose que, sucediese lo sucediera, siempre se consideraría afortunado, pues le acaecería estando en el recto servicio de Dios. Como los juicios de Él son maravillosos y ocultos, Nuestro Señor pone muchas veces a sus amigos en tentación; si saben soportarla, Cristo siempre trata de que el asunto vaya en beneficio y aumento de la honra de quien pone a prueba, razón por la cual tentó al conde de Provenza y consintió que cayera en poder de Saladino.

Aunque era su prisionero, sabiendo Saladino la gran bondad del conde, le hacía bien y le honraba; para cada uno de los hechos importantes pedía su consejo. El conde le aconsejaba tan bien y tanta confianza le tenia el sultán que, a pesar de estar preso, se le daba libertad para andar por los dominios de Saladino como si fuesen los suyos propios.

Al partir de su tierra, el conde había dejado una hija pequeñita, pero estuvo tanto tiempo prisionero del sultán que ya era casadera. Su mujer, la condesa, y sus parientes, le envían a contar cuántos hijos de reyes y otros nobles la pedían en matrimonio.

Un día en que Saladino se acercó a hablar con el conde, cuando hubieron conversado, le dijo éste:

–Señor, me hacéis tantas mercedes y me honráis tanto con vuestra confianza, que me consideraría dichoso al serviros. Pues vos, Señor, tenéis a bien que os aconseje en todo lo que sucede, solicito de vuestra benevolencia que me aconsejéis en algo que me sucede.

El sultán agradeció esta muestra de confianza y le dijo que con gusto le aconsejaría y, más aún, que le ayudaría efectivamente en lo que necesitase.

El conde le relató entonces los matrimonios que le proponían a su hija y le pidió consejo acerca de cuál convendría más, a lo que Saladino respondió:

–Conde, yo sé que sois persona de talento y que con pocas palabras que uno os diga comprendéis las cosas, por lo cual deseo aconsejaros según mi entender. Yo no conozco a todos esos que piden a vuestra hija, ni sé de qué linaje son, ni sus dones o la cercanía de sus tierras con las vuestras, o los méritos sobresalientes de unos u otros, por todo lo cual no puedo, en verdad, aconsejaros derechamente. En todo caso, mi recomendación es ésta: casadla con un hombre verdadero.

El conde le agradeció esto y comprendió perfectamente qué le quería decir. Envió, pues, a su mujer y parientes el consejo que le dio el sultán, con la recomendación de que averiguaran cuántos hidalgos había en la región, sus maneras, sus costumbres y cualidades, sin atender ni a su riqueza ni a su poder; que por escrito le enviaran a decir cómo eran los hijos de reyes y de grandes señores que la pedían, como igualmente los otros nobles de la comarca.

La condesa y sus parientes se admiraron mucho de esto, pero cumplieron la orden del conde y anotaron todas las cualidades y costumbres buenas o malas que ostentaban los pretendientes y, en general, todas sus características. Además, incluyeron a los otros hidalgos comarcanos, todo lo cual pusieron en poder del conde.

Cuando el conde tuvo el documento en su poder, lo mostró al sultán. Al verlo éste, aunque encontró a todos buenos, descubrió en los hijos de los reyes y de poderosos ciertas tachas: eran comedores o bebedores, coléricos o retraídos, trataban mal a los demás o pasaban rodeados de malas compañías; se expresaban con dificultad o, en fin, tenían alguno de los defectos que puede mostrar el hombre. El sultán encontró que el hijo de un noble no muy poderoso, según se desprendía de las informaciones, era el mejor, más cumplido y sin tacha que nunca conociera. El sultán, entonces, recomendó al conde que casara a su hija con aquel hombre, pues, aunque comprendió que había otros más nobles e ilustres, resultaba este mejor matrimonio que otro realizado con un aristócrata imperfecto, sobre todo considerando que el hombre es mucho más digno de aprecio por sus obras que por su riqueza o por el brillo de su linaje.

La orden del conde a su mujer y a sus parientes, fue pues, la de casar a su hija con el que Saladino le sugiriera. Aunque ellos se maravillaron mucho de esto, mandaron a buscar al noble y le dijeron que hacían este matrimonio por orden del conde. Él respondió que comprendía que el conde era mucho más noble, más rico y honrado y que si él tuviera en su mano semejante poder, cualquier dama tendría a bien unírsele. Ahora, si esto que venían a comunicarle lo decían con ánimo de no cumplirlo después, lo consideraría grave afrenta y desprecio. Ellos le aseguraron que era cosa cierta y le relataron como el sultán había aconsejado al conde que no diera su hija ni a hijos de reyes ni a poderosos, sino al que con más méritos de hombre. Al oír esto, el joven comprendió que era verdadero lo del matrimonio y consideró que, pues Saladino le eligió por sus atributos varoniles, dándole por ellos tanta honra, no respondería si no realizaba lo que le correspondía.

Dijo a la condesa y a la familia que si deseaban que él creyese todo esto como cosa cierta, le diesen poder de todo el condado y de sus rentas, sin comunicarles qué pensaba hacer con esas atribuciones. A ellos les satisfizo la petición y pusieron todo en sus manos. Separó él una gran suma de dinero y, en absoluto secreto, armó una flotilla de galeras, conservando bastante dinero en su poder. Hecho esto, fijó la fecha de la boda.

Celebrado el matrimonio con toda pompa y riqueza, llegó la noche y la hora de quedar a solas con su esposa. Entonces el marido llamó a la condesa y familia para decirles, con gran secreto, que eran testigos de que el conde lo eligió entre otros muchos mejores que él, lo cual hizo por consejo del sultán en el sentido de casar a su hija con un hombre cabal. Puesto que el sultán y el conde le honraron tanto escogiéndole, no se consideraría él un verdadero varón si no hacía lo correspondiente, y les manifestó que se iba, dejando a su cuidado la doncella y el condado, fiando en Dios que haría ver a todos que era en verdad un hombre.

Dicho esto montó a caballo y se fue rumbo al reino de Armenia, donde estuvo tanto tiempo como para aprender perfectamente el idioma y las costumbres del país; así pudo averiguar que Saladino era aficionadísimo a la caza.

Reunió, pues, excelentes aves cetreras y perros y se fue hacia los dominios de Saladino con sus galeras, anclando una en cada puerto, con la orden de no moverse hasta su mandato.

Cuando se presentó al sultán, éste le recibió obsequiosamente, pero el joven no le besó la mano ni le hizo reverencia alguna de las que el siervo hace a su señor. Saladino ordenó darle todo lo que necesitaba y el yerno del conde se lo agradeció mucho, sin recibirle nada, pues no había venido para eso sino porque había oído muchas bondades de él, por lo cual, si lo tenía a bien, le rogaba permiso para vivir algún tiempo en palacio y aprender así algo de lo mucho bueno que en él y en su gente había. Como sabía que era muy aficionado a la caza, habíale traído excelentes aves y muchos perros, de los cuales le agradecería que escogiese cuantos le agradaran; con los restantes, él le acompañaría a cazar y le ayudaría cuanto pudiese en aquella o en otra actividad. Saladino lo agradeció mucho y eligió lo que fue de su agrado, pero no hubo modo de lograr que su huésped recibiera algo de él, ni le comunicara algo de lo suyo, o se estableciera entre ambos relación alguna que obligara al extranjero a compromiso con Saladino. De ese modo permaneció largo tiempo en palacio.

Como Dios dispone las cosas de acuerdo con sus deseos, las preparó esta vez de modo que, los halcones de los cazadores alcanzaran unas grullas y se dispusieran a abatirlas sobre el puerto donde estaba apostada una de las galeras del yerno del conde. Él y el sultán, montados en magníficos caballos, se alejaron tanto de la comitiva que ya nadie los veía. Cuando Saladino llegó a donde los halcones estaban con la grulla, bajó rápidamente a ayudarlas. El yerno del conde entonces, al verle descabalgado, llamó a los de su navío.

El sultán, preocupado solamente de alimentar a los halcones, se espantó al ver a los tripulantes de la galera a su alrededor. Su huésped puso mano en la espada, dándole a entender que le atacaría con ella. Al ver esto, Saladino empezó a protestar, alegando que era una traición. El yerno de su prisionero le respondió que no quisiera Dios tamaña cosa; que bien sabía él que nunca le aceptó por señor, ni recibió nada de su mano, ni beneficio alguno que le obligara a gratitud: él mismo, pues, era causante de aquello.

Terminado de decir esto le apresó y le llevó a la galera; una vez a bordo, le relató que era el yerno del conde y se reveló el que él mismo escogiera por más hombre entre otros superiores; y ya que le había elegido por esa cualidad, a su juicio no la tendría si dejase de hacer aquello. Le pidió al sultán, como merced, que le entregase a su suegro para que éste comprendiera que el consejo era bueno, verdadero y aun provechoso para su persona.

Al oír esto Saladino, dio gracias a Dios y se sintió más complacido por su acierto que si hubiese recibido un beneficio o una honra enorme, por lo que respondió al yerno del conde que accedería gustoso a su petición.

Confiado en la palabra del sultán, el caballero le sacó de la galera y partió con él, después de ordenar a los marineros que se alejasen tanto del puerto que nadie les pudiera ver.

El sultán y el yerno del conde cebaron muy bien los halcones y cuando la comitiva llegó, Saladino mostraba gran alegría y jamás confió a nadie cuanto había acontecido.

Llegado a la ciudad, Saladino se encaminó a la casa en que el conde pasaba su prisión llevándole a su yerno; cuando vio al conde le empezó a decir alegremente:

–Conde, le agradezco infinitamente a Dios haberme permitido acertar tanto en el consejo que os di acerca del matrimonio de vuestra hija: he aquí a vuestro yerno que os saca de prisión.

Le contó entonces lo que su yerno había hecho, el ardid empleado para prenderle y la lealtad de confiar después en su palabra.

El sultán, el conde y cuantos se enteraron de esto alabaron mucho el talento, el esfuerzo y la lealtad del yerno del conde, a la vez que dieron gracias a Dios porque quiso guiarle a término tan feliz. El sultán dio muy generosas dádivas al conde y a su yerno; por la ofensa de la prisión, le dobló las rentas que el conde habría percibido en ese tiempo y le devolvió a sus tierras enriquecido y próspero.

Todo lo cual sucedió al conde por el buen consejo que el sultán le dio, de casar a su hija con un hombre cabal.

Vos, señor conde Lucanor, pues tenéis que aconsejar a ese vasallo vuestro sobre el casamiento de su parienta, hacedle ver que lo principal a que se debe atender en el matrimonio es que el candidato reúna en sí condiciones de buen varón; si no posee eso, ni por honores, por riqueza, ni por hidalguía que tenga el marido, podrá la dama considerarse bien casada. Porque debéis saber que el hombre con bondad acrecienta la honra, levanta el linaje y aumenta su riqueza. Aunque sea muy hidalgo y rico, si no es bueno, todo está perdido. A propósito de esto, podría relataros muchas historias de hombres muy afortunados a quienes sus padres dejaron riqueza y honra, pero que no se condujeron como debían, lo que les hizo perder el linaje y la fortuna; otros, en cambio, de origen menos alto, por las excelencias que reunían, acrecieron su honra y hacienda de modo que fueron más alabados y apreciados por sus hechos que todos sus ascendientes. Entended, pues, que el beneficio y el daño nacen y vienen de la condición de cada hombre, sea cual fuere su estado. Por ello, lo primero que se debe mirar en el matrimonio es qué maneras, qué costumbres, qué inteligencia y qué obras son las del hombre o de la mujer que ha de casarse. Una vez visto esto, mientras mayor sea el linaje, mayores la riqueza y la apostura, y más grande la relación amistosa entre las familias de los contrayentes, tanto mejor es el matrimonio.

Al conde le agradaron mucho las palabras de Patronio y consideró que todo era certísimo.

Viendo don Juan que era muy bueno el ejemplo, lo hizo escribir en este libro y colocó los siguientes versos:

El que es hombre merece los provechos;
el que no, empequeñece ante los hechos.

Ejemplo XXVI

DE LO QUE SUCEDIÓ AL ARBOL DE LA MENTIRA

En cierta oportunidad el conde Lucanor decía a Patronio, su consejero:

–Sabed, Patronio, que tengo quejas y estoy en un disturbio con unos que no me quieren mucho; son éstos tan revoltosos y mentirosos que nunca hacen otra cosa que engañarme a mí y a los otros con quienes tienen relación. Saben preparar tan bien sus mentiras y se sirven tanto de ellas, que me han perjudicado mucho, al tiempo que ellos reciben más poder y ponen a la gente enconadamente en contra mía. Estad seguro de que si yo quisiera obrar tan ruinmente como ellos, podría hacerlo igual; como sé que la mentira es de gente perversa jamás me serviría de ella. Os ruego, por vuestro buen entendimiento, que me aconsejéis cómo debo reaccionar frente a esas personas.

Respondió Patronio:

–Señor conde Lucanor, para que obréis del modo más beneficioso, me agradaría que supieseis lo que pasó a la Verdad y a la Mentira.

El conde se interesó mucho por saberlo.

–Señor conde Lucanor –prosiguió Patronio–, la Mentira y la Verdad se reunieron y cuando hubieron estado así un tiempo, la primera, que es movediza, dijo a la Verdad que sería oportuno plantar un árbol, del cual recibieran frutos y a la vez sombra en los días de calor. La Verdad, como es asequible y sencilla, dijo que le agradaría.

Desde que el árbol fue plantado y empezó a crecer, dijo la Mentira a su compañera que cada una de ellas tomase su parte, lo que agradó a la Verdad. La Mentira empezó a engañarla diciéndole con frases hermosas y adornadas que la raíz es lo más provechoso y mejor, pues da la vida y el mantenimiento al árbol; por lo tanto, que eligiera las raíces, que están enterradas, y que ella correría el albur de quedarse con las ramitas, todavía por crecer, las cuales, por estar sobre la tierra, pasan grandes peligros, porque los hombres las cortan o arrancan, o bien las roen las bestias o tronchan las aves con picos y garras, fuera del calor y de la helada que acaso las queman, peligros todos de que están libres las raíces.

Cuando la Verdad oyó esto, como en ella no hay arterías y, por lo mismo, es muy confiada, creyó en la Mentira y pensó que todo era verdad, encaminada a que aprovechara lo mejor, la raíz del árbol, parte de la que se sintió muy satisfecha. Cuando la Mentira logró esto, se alegró mucho del engaño que le había hecho diciéndole falsedades bien urdidas y adornadas.

La Verdad se introdujo en la tierra para vivir con las raíces, que era su parte convenida, y la Mentira quedó encima, donde vive la gente y está el resto de las cosas. Como sabe halagar, en poco tiempo todos estaban felices con ella. El árbol empezó a crecer y a mostrar grandes ramas con amplias hojas que daban buenísima sombra; apareciéronle flores muy hermosas, de atractivos colores, cuya sola vista era agradable.

Desde que la gente vio aquel árbol tan hermoso, se reunía para estar junto a él, feliz de su sombra y de las magníficas flores. A su lado estaban siempre y hasta los que andaban por otros lados se decían unos a otros que, si deseaban reposo y alegría, fuesen a disfrutar de la sombra de la Mentira.

Una vez que se reunían bajo ese árbol, como la Mentira es halagüeña y sabia, complacía a la gente y les exhibía su sabiduría. Las personas aprendían sus malas artes alegremente. Por ese camino atrajo a sí a la mayoría del mundo, pues a unos mostraba mentiras sencillas, a los más agudos, mentiras dobles y a los que eran sabios, mentiras triples.

Debéis saber que una mentira sencilla se produce cuando un hombre dice a otro: «Don Fulano, yo haré tal cosa por vos», sabiendo que no la cumplirá. Doble es cuando hace juramentos y promesas y mete a otros en tales embrollos, siendo que ya tiene pensado que todo se tornará falsedad y engaño. Pero la mentira triple, la mortalmente engañosa, es la del que miente y confunde valiéndose de la verdad.

Era la Mentira sabia en esto, y mostrábalo tan bien a los que gustaban estar a la sombra de su árbol, que permitía a los hombres lograr lo que deseaban por medio de esos recursos. No había nadie ignorante de su arte a quien no atrajesen los ya iniciados tanto por la hermosura del árbol como por las artimañas que aprendieron de la Mentira, de modo que muchos deseaban llegar a aquella sombra y aprender lo que la Mentira les mostraba.

Estaba, pues, rodeada de honra, de aprecio y de acompañantes, tanto, que el que ignoraba su arte era despreciado y llegaba a despreciarse a sí mismo.

Estando la Mentira tan afortunada, la miserable y despreciada Verdad vivía escondida bajo la tierra; nadie sabía de ella, ni la quería, ni deseaba buscarla. Ella, viendo que nada le había quedado para mantenerse, fuera de aquellas raíces del árbol que le tocaron como parte, según le aconsejara para su daño la Mentira, se vio obligada a roer y a alimentarse de esas mismas raíces; aunque el árbol tenía buenas ramas y anchas hojas dadoras de amplia sombra, amén de hermosísimas flores, antes de que diera fruto, vio desaparecidas sus raíces, que comió la Verdad, desprovista de otros alimentos.

Una vez roídas las raíces del árbol, y estando la Mentira a la sombra con toda la gente que estudiaba sus artimañas, sopló un fuerte viento que, por la falta de raíces, derribó fácilmente el árbol; éste cayó sobre la Mentira, descalabrándola gravemente, además de matar y herir a todos los aprendices de su arte.

Por el hueco del tronco salió la Verdad, hasta entonces escondida, y cuando se vio otra vez sobre la tierra, encontró que los muchos allegados de la Mentira estaban en las peores condiciones por haberse confiado en las arterías que ella les enseñara.

Reparad vos, señor conde Lucanor, en que la Mentira tiene frondosas ramas y que sus flores –sus dichos, sus pensamientos y sus halagos– son muy agradables, gustan a la gente, pero todo es sombra condenada a nunca cristalizar en fruto. Por ello, si vuestros contrarios se aprovechan de la sabiduría y engaños de la Mentira, precaveos de ellos cuanto podáis y no deseéis acompañarlos en sus mañas ni envidiéis la buena fortuna que logran a través de la falsedad; estad seguro de que les durará poco y de que no tendrán buen fin; cuando ellos piensen ser más afortunados, entonces les fallará todo, así como les falló a los que pensaban estar muy protegidos a la sombra del referido árbol. Aunque veáis despreciada la verdad, abrazaos firmemente a ella y apreciadla mucho, estando cierto de que gracias a ella seréis afortunado, llegaréis a buena meta y ganaréis la gracia de Dios, quien os dará los bienes de este mundo y la salvación del alma, en el otro.

Este consejo de Patronio, que agradó mucho al conde, le fue muy provechoso.

Comprendiendo don Juan que el cuento era muy bueno, lo hizo escribir en este libro con los versos siguientes:

Aumenta el mal del que acostumbra a mentir;
siempre es necesario de lo falso huir.

Ejemplo XXVII

DE LO QUE SUCEDIÓ A UN EMPERADOR Y A DON ALVAR FAÑEZ MINAYA CON SUS MUJERES

Hablando el conde Lucanor con Patronio, su consejero, le expresó lo siguiente:

–Tengo, Patronio, dos hermanos casados, y la vida que llevan no puede ser más distinta, pues uno de ellos ama tanto a su esposa, que en escasas oportunidades logramos se separe un día de su lado y hace sólo lo que ella desea, consultándoselo antes. El otro, contrariamente, no podemos lograr ni que la mire ni desee estar bajo un mismo techo con su mujer. Como esto me preocupa, os ruego me deis consejo para poner orden en el asunto.

–Señor conde Lucanor –respondió Patronio–, según lo que contáis, vuestros hermanos están muy equivocados en su proceder, pues ni uno ni otro deberían mostrar tanto cariño ni tanto odio como demuestran a esas damas con que están casados. Aunque ambos yerran, no poca culpa tienen los caracteres de las esposas, por lo cual me agradaría que supieseis lo sucedido al emperador Federico y a don Alvar Fáñez Minaya con sus mujeres.

El conde se interesó vivamente por estos relatos, y Patronio continuó:

–Señor conde Lucanor, como éstos son dos cuentos y no los podría relatar juntamente, contaré primero lo que sucedió al emperador Federico y después lo que acaeció a don Alvar Fáñez Minaya.

El emperador casó con una doncella de clara nobleza, como le correspondía, pero no le fue bien, pues no conoció, antes del matrimonio, las maneras de la dama.

Cuando ya estuvieron casados, a pesar de que ella era una noble dama muy recatada, empezó a mostrarse como la más brava, fuerte y rebelde mujer del mundo, de modo que si el emperador manifestaba deseos de comer, ella decía que quería ayunar, y si el emperador mostraba deseos de dormir, ella deseaba levantarse, o bien, si él apreciaba a alguien, ella le tomaba el odio más profundo. ¿Para qué deciros más? Todo lo que al emperador le agradaba, ella lo miraba con desagrado y como que no le importaba; en todas las acciones de su marido siempre llevaba la contraria.

Después de soportar esto algún tiempo, cuando el emperador vio que de ninguna manera se apartaba ella de su conducta, ni por su ruego, ni por el de los demás, ni por amenazas o palabras dulces, ni por duro que se mostrara ante ella, comprendió que las molestias que debía soportar eran dañosas para su patrimonio y para sus súbditos. Seguro de esto, se dirigió al papa y le contó todo, tanto sus modos de vida como los daños que venían a él y a su reino por la dureza de la emperatriz. El pontífice le trajo a recuerdo que según las leyes cristianas, no podía anular el matrimonió, ni tampoco vivir juntos por el carácter de la emperatriz, lo cual le constaba.

Al ver que no había otra solución, dijo el papa al emperador que este caso quedaba encomendado a su entendimiento y sutileza, pues él no podía dar penitencia antes del pecado.

El emperador se separó del papa y regresó a su hogar, esforzándose, por cuantas maneras pudo –con halagos, amenazas, consejos, desengaños y todo lo que él y los suyos inventaron–, para apartar a la emperatriz de su mal proceder. Todo fue inútil, pues mientras más la aconsejaban que renunciara a ese comportamiento, tanto más hacía ella lo contrario.

Al ver el emperador que de modo alguno tenía esto remedio, le dijo un día que deseaba ir a cazar ciervos y que llevaría una cantidad de aquella hierba que ponen en las saetas con que los matan; dejaría el resto del veneno para otra ocasión en que deseara de nuevo ir a cazar y le recomendó a su mujer que por nada del mundo fuera a echarse sobre aquella hierba ni en sarna o pústula, ni en lugar de donde saliese sangre, pues era tan fuerte que no había cosa viva que no matase. Tomó él de otro ungüento para las llagas y se untó en presencia de ella los sitios que no se veían sanos. Ella y cuantos allí están vieron como mejoraba. El le advirtió que, si hubiere necesidad, se aplicara de ese en cualquier herida que tuviere, lo cual dijo ante numerosas personas. Hecho esto, tomó la hierba que necesitaba para matar ciervos y se fue de caza, como anunciara.

Luego que hubo partido el emperador, empezó ella a enfurecerse y a decir:

—Ved al falso del emperador y lo que me dijo. Como sabe que la sarna mía no es igual a la suya, me dijo que me untara con el ungüento que él usó, porque se da cuenta de que no me mejorará; en cambio, de aquel otro ungüento bueno que sabe me aprovecharía, de ése me dijo que no tomara ni un poco. Mas, para molestarle, me untaré con el prohibido y cuando el regrese me encontrará sana. Estoy segura de que nada le molestaría más y por eso mismo haré.

Las damas y los caballeros que estaban con ella le pidieron afincadamente que no lo hiciera, lo cual le insistían llorando copiosamente y advirtiéndole que moriría al instante si lo cumplía.

A pesar de todo, ella no quiso dejar de hacerlo, tomó la yerba y untó sus llagas. Al poco rato se sintió presa de las convulsiones de la muerte y aunque se arrepintió ya no era tiempo de nada. De modo que murió víctima de su porfía y de su dureza.

A don Alvar Fáñez, en cambio, le sucedió lo contrario, y os lo contaré para que sepáis como fue. Don Alvar era muy buen hombre, honradísimo, y fundó el pueblo de Iscar, donde residía. El conde don Pedro Ansúrez, por su parte, fundó la cercana ciudad de Cuéllar, en la cual vivía con sus tres hijas.

Un día sin esperarlo el conde, entró Alvar Fáñez por una puerta, visita que complació mucho al noble caballero. Una vez que comieron, le preguntó el conde la causa de su venida sin aviso, a lo que respondió don Alvar Fáñez, que venía a pedirle en matrimonio a una de sus hijas, pero que antes deseaba verlas y hablar con cada una, después de lo cual elegiría a la de su agrado. El conde, comprendiendo que era un beneficio de Dios, le respondió que le agradaría mucho todo esto.

Don Alvar Fáñez se separó con la mayor de las hijas y le manifestó que, si a ella le era grato, quería pedirla en matrimonio, pero que, antes de ahondar en ello, deseaba exponerles sus tachas. En primer lugar, que él ya no era muy joven y que por las muchas heridas recibidas en guerra, su cabeza estaba tan debilitada que con muy poco vino perdía la razón, y estando así trastornado se enfurecía tanto que no sabía lo que exclamaba; en ocasiones hería a la gente de modo que después se arrepentía grandemente. Todavía más, cuando se acostaba a dormir, en la misma cama se hacía sus necesidades. Tantas cosas por el estilo le manifestó, que cualquier mujer de entendimiento no muy maduro podría considerarse no muy bien casada con él.

Cuando le hubo dicho todo esto, la hija del conde le respondió que el casamiento no dependía de ella, sino de sus padres.

Se separó entonces de don Alvar Fañez y retornó a sus padres.

Ellos le preguntaron qué deseaba hacer, y como no era de muchos alcances les respondió que don Alvar Fáñez le había confiado tales cosas, que primero muerta antes que casarse con él.

El conde no se lo quiso comunicar así a don Alvar Fáñez sino que le respondió que en ese momento su hija no deseaba casarse.

Habló después don Alvar Fáñez con la hija intermedia y conversaron lo mismo que en el caso de la mayor.

Posteriormente con la hermana menor y le manifestó lo mismo que a las otras dos hermanas.

La de menor edad le contestó que daba gracias a Dios por su deseo de casarse con ella y que en cuanto a lo del vino, si por causa de beber debía apartarse de los demás, fuese por ello o por otra cosa, ella le encubriría mejor que nadie en el mundo. Respecto de que era viejo, no por ello abandonaría el matrimonio ni el bien ni la honra de estar casada con él. En cuanto que se ponía a veces muy airado y hería a la gente, eso no era de cuidado, pues ella jamás le daría motivo para herirla y si él lo hacía, sabría soportarlo resignadamente.

A todo lo que le dijo don Alvar Fáñez supo ella responder tan excelentemente que él quedó contentísimo y dio gracias a Dios por encontrar esposa de tanto talento.

Don Alvar manifestó al conde Pedro Ansúrez que con ésa se quería casar, lo que agradó mucho al padre de la doncella.

Pronto celebraron las bodas y don Alvar Fáñez se fue con su esposa, llamada doña Vascuñana.

Cuando don Alvar la llevó consigo, fue ella tan buena dueña de casa y de tanta cordura, que se consideró muy bien casado y le gustaba se cumplieran todos los deseos de su mujer.

Lo cual hacía por dos razones: primero, porque Dios lo benefició tanto y ella amaba a don Alvar, admirando su talento, de modo que lo que él decía y hacía era para ella lo mejor. Le agradaban mucho sus acciones y decires, y jamás le contrarió en lo que a él le gustaba; no creáis que lo hacía por lisonjearle ni halagarle sino porque creía verdaderamente que nada era yerro de cuanto quería, decía y hacía don Alvar Fáñez, para ella a todas luces insuperable. Por una parte por esto y porque era ella de tanto entendimiento que siempre acertaba en lo mejor, la amaba don Alvar Fáñez y deseaba hacer todo cuanto ella quería; ella, por su parte, le aconsejaba en cuanto iba en su beneficio y honra.

Sucedió que una vez, estando don Alvar Fáñez en su casa, llegó un sobrino que vivía en palacio, visita que agradó mucho al anciano. Cuando el sobrino hubo residido con don Alvar unos días, le manifestó que le consideraba muy buen hombre y muy fino, no encontrándole sino un defecto. Don Alvar le preguntó cual era y el sobrino le respondió que se preocupaba mucho por su mujer y le daba excesiva ingerencia en su patrimonio. Don Alvar Fáñez le respondió que dentro de unos días le daría la respuesta.

Antes de ver nuevamente a su mujer, don Alvar Fáñez montó a caballo y se fue con su sobrino a otro lugar. Después mandó llamar a doña Vascuñana y preparó las cosas para que se encontraran en el camino, pero sin oportunidad ni tiempo de que hablasen.

Don Alvar marchaba delante con su sobrino y doña Vascuñana atrás. Cuando hubieron andando un rato, se toparon con muchas vacas y don Alvar empezó a decir:

–¿Veis, sobrino, qué hermosas yeguas hay en nuestras tierras?

Se maravilló mucho el joven al oír esto y pensó que su tío lo decía por broma, contestándole que no afirmara tal, pues eran vacas.

Don Alvar Fáñez estaba también maravillado, y le respondió que tal vez había perdido el seso, pues se veía claro que aquellas eran yeguas.

Cuando el sobrino vio que don Alvar porfiaba tanto y lo afirmaba con tal seguridad, quedó espantado y pensó que su tío había perdido la razón.

Don Alvar Fáñez se mantuvo adrede porfiando aquello hasta que asomó doña Vascuñana por el camino. Cuando la vio, el caballero dijo a su sobrino:

—Ea, sobrino, he aquí a doña Vascuñana, que nos solucionará el pleito.

Al sobrino le agradó mucho esto, y cuando se acercó su tía, le manifestó:

—Señora, don Alvar y yo estamos en discusión, pues él dice que estas vacas son yeguas y yo sostengo que son vacas. Hemos porfiado tanto, que él me tiene por loco y yo a él como fuera de seso. Vos, señora, sed juez de esta contienda.

Cuando vio esto doña Vascuñana, aunque ella sabía que eran vacas, por haberle su sobrino transmitido la afirmación de don Alvar, consideró que sería como su marido decía, equivocándose ellos, sin conocerlas, y estando don Alvar en lo cierto. Si él decía que eran yeguas, yeguas eran y no vacas.

Empezó ella a decir a su sobrino y acompañantes:

—Por Dios, sobrino, me duele mucho lo que decís. Me parece que debierais haber venido de palacio —después de tanto tiempo— más agudo y con más sentido. Bien veis que es mengua del entendimiento y de la vista pensar que las yeguas son vacas.

Y empezó a demostrarle, tanto por los colores como por la forma y por otras cosas que eran yeguas y no vacas, siendo verdad lo que don Alvar Fáñez sostenía, cuyo entendimiento y palabra en modo alguno podían errar. Tanto se lo afirmó que ya su sobrino y acompañantes empezaron a creerse ellos equivocados, siendo el verdadero don Alvar y que las que ellos consideraban vacas eran, efectivamente yeguas. Terminado esto, siguieron caminando adelante Don Alvar Fáñez y su sobrino, encontrándose, a poco, con numerosas yeguas.

Entonces el tío dijo al sobrino:

—Ajá, sobrino. Estas son las vacas y no las que vos decíais antes.

Al oír esto, respondió a don Alvar:

–Por Dios, don Alvar Fáñez, si decís lo cierto, el diablo me trajo a mí a esta tierra, pues en verdad, si éstas son vacas, yo he perdido el seso, pues en cualquier parte del mundo son yeguas y no vacas.

Don Alvar Fáñez comenzó a porfiar mucho que eran vacas, discusión que duró hasta la llegada de doña Vascuñana. Cuando llegó y le relataron lo que decía su esposo y su sobrino, aunque a ella le parecía cierta la afirmación del último, no pudo creer que don Alvar errara y dejasen de ser verdad sus palabras. De modo que comenzó a allegar razones probatorias de lo que decía don Alvar; y tantas y tan buenas encontró, que su sobrino y los demás pensaron que su entendimiento y vista eran los que erraban y que sólo era cierto lo que afirmaba don Alvar Fáñez. Y en esto quedaron.

Siguieron don Alvar Fáñez y su sobrino marchando adelante y caminaron tanto hasta llegar a un río en que había muchos molinos; bebiendo las bestias en sus aguas, empezó don Alvar Fáñez a sostener que el río avanzaba contra la corriente de su nacimiento y que los molinos se proveían de agua en otra parte.

Su sobrino se consideró perdido cuando oyó esto, pues pensó que así como se equivocara al identificar las vacas y las yeguas, del mismo modo erraba al pensar que las aguas corrían al revés de lo sostenido por su tío. Porfiaron sobre ello hasta que les alcanzó doña Vascuñana.

Cuando le comunicaron la nueva discusión entre don Alvar y su sobrino, aunque a ella le parecía que el último estaba en la razón, no hizo caso de su propio entender y consideró como verdad sólo lo que decía su marido. Apoyó de tantos modos los razonamientos de su esposo, que el sobrino y sus acompañantes quedaron convencidos.

Desde ese día se convirtió en proverbio que si el marido dice que el río corre hacia su fuente, la buena esposa lo debe creer y considerar verdad.

Cuando el sobrino de don Alvar Fáñez vio que doña Vascuñana probaba siempre ser verdad las afirmaciones de su marido y que él se equivocaba al no ver las cosas como eran, se consideró muy desgraciado, pensando que había perdido la razón.

Después de andar largo rato por el camino, viendo don Alvar Fáñez que su sobrino iba muy triste y pensativo, le dijo:

–Sobrino ahora os he respondido lo que el otro día me dijisteis que la gente me señalaba como gran tacha, por hacerle tanto caso a mi esposa, doña Vascuñana. Estad seguro de que todo lo sucedido hoy lo hice para que la conocierais y vieseis que lo que hago por ella, es con razón. Creed bien que yo me daba cuenta de que las primeras vacas que encontramos –aquéllas que yo afirmaba eran yeguas– eran vacas, como vos decíais. Cuando llegó mi mujer y os oyó comentar mi afirmación, sé perfectamente que comprendió quien tenía la razón, pero, por su confianza en mi entendimiento y por considerar que yo no puedo equivocarme, pensó que tanto ella como vos errabais en no daros cuenta de la verdad. Lo afirmó con tantas y tan buenas razones, que os hizo entender a vos y a la comitiva que yo estaba en lo cierto; lo cual repitió después con lo de las yeguas y lo del río. Os afirmo con seguridad que, desde su matrimonio conmigo, nunca la vi decir ni hacer nada que pudiese disgustarme, sino solamente aquello que me agrada; jamás, tampoco, la vi molestarse por mis acciones. Siempre considera que lo hecho por mi es lo mejor y lo que tiene que realizar ella o yo le encomiendo, sábelo cumplir siempre de modo que mi honra y mi hacienda aumenten, dando a entender, a la vez, que yo soy el señor y que se debe cumplir mi voluntad y aumentar mi fama; nada más quiere ella para sí, sino que todos sepan que va en mi beneficio y me agrada. Pienso que, si un moro de allende el mar hiciera esto, debería yo amarlo mucho y buscar su bien, mayormente tratándose de mi esposa y siendo ella de linaje tal que me considero excelentemente casado. Ahora, sobrino, la respuesta a mi tacha está dada.

Cuando el sobrino escuchó estas palabras, se sintió muy complacido y entendió que, siendo de tal entendimiento y condición doña Vascuñana, tenía mucha razón don Alvar Fáñez en amarla tanto y en hacer por ella cuanto realizaba y todavía más.

De modo que se ve bien cuán distintas eran la mujer del emperador y la de don Alvar Fáñez.

Si vuestros hermanos, señor conde Lucanor, son tan distintos, que uno hace cuanto su mujer desea y el otro todo lo contrario, acaso se deba a que sus mujeres se portan con ellos como se portaban la emperatriz y doña Vascuñana. Si es así, no debéis maravillaros ni culpar a vuestros hermanos; pero si no fuesen ni tan buena ni tan odiosa como las citadas, sin duda vuestros hermanos no pueden librarse de culpa. Aunque aquel hermano vuestro hace tantos bienes a su mujer, debéis entender que ese beneficio no debe ir más allá de lo razonable, pues si el hombre, por gran amor a su mujer, desea estar con ella tanto que no concurre a los lugares ni a los hechos en que puede mejorar pro y honra, comete gran error, e igualmente si por agradarla y cumplir sus deseos abandona asuntos de estado o que atañen a su honra, cometiendo con ello un desaguisado. Cuidándose de estas cosas, el afecto y la buena voluntad que el marido pueda mostrar a su esposa son hacederos, le corresponden y deben en verdad realizarse. Además, debe cuidar de aquellas cosas sin importancia que pueden causarle a la mujer pena o enojo, principalmente, alguna cosa en que él haya pecado, pues de todo esto vienen muchos daños; por una parte, el pecado y la maldad que el hombre comete y, por otra, porque para olvidarla del enojo se habrán de hacer acciones que pueden ir en desmedro de la hacienda o el buen nombre. El que por su adversa fortuna tuviere mujer como la del emperador, pues no supo o no quiso poner atajo al principio, no tiene sino soportar su suerte como Dios la quiso trazar. Sabed que para todos estos achaques es muy necesario que desde su primer día de casado dé el hombre a entender a su mujer que él es el señor y le muestre el modo de vida que juntos han de seguir.

Vos señor conde, según lo que yo pienso, observando estas cosas, podréis aconsejar muy bien a vuestros hermanos acerca de cómo deben comportarse con sus esposas.

Al conde le agradaron mucho las indicaciones de Patronio y pensó que era verdades con muy buen sentido.

Entendiendo don Juan que los dos ejemplos eran provechosísimos, ordenó escribirlos en este libro y agregó los versos siguientes:

*Desde el principio debe el hombre mostrar
el modo de vida que se ha de llevar.*

Ejemplo XXVIII

**DE LO QUE SUCEDIÓ EN GRANADA A DON LORENZO
SUÁREZ GALLINATO**

El conde Lucanor hablaba en una oportunidad con su consejero Patronio de este modo:

–Patronio, alguien vino a protegerse a mi costa y aunque sé que es buen hombre, algunos me afirman que ha hecho alguna barbaridad. Por vuestro talento, os pido consejo en esta situación.

Respondió Patronio:

–Señor conde Lucanor, para que hagáis lo debido, me gustaría que supieseis lo sucedido a don Lorenzo Suárez Gallinato.

El conde le preguntó como había sido.

–Señor conde Lucanor, don Lorenzo Suárez Gallinato vivía junto al rey de Granada y en su reino permaneció largo tiempo. Cuando, por misericordia divina, recobró la gracia del rey don Fernando, éste le preguntó si pensaba, después de haber ofendido tanto a Dios ayudando a los moros contra los cristianos, que su alma no se iría al infierno.

Don Lorenzo le respondió que nunca había hecho nada para merecer piedad, con excepción de haber muerto a un sacerdote. El rey don Fernando se extrañó mucho y le preguntó cómo podía ser eso.

Don Lorenzo contestó que viviendo él con el rey de Granada, logró tanto la confianza del monarca que llegó a ser su guardaespaldas. En cierta oportunidad en que salió a cabalgar con el rey por la ciudad, escuchó a unos hombres que gritaban. Como era guardador del rey espoleó su caballo y llegó al sitio de donde provenía el barullo. Allí estaba un sacerdote revestido.

Debéis saber que el mal clérigo era un apóstata.

Un día por complacer a los moros, les dijo que, si lo deseaban, él les daría aquel Dios en quien los cristianos confiaban y creían. Los moros se lo pidieron encarecidamente y entonces el clérigo malo y traidor hizo traer las vestiduras, mandó construir un altar, dijo misa y consagró una hostia. Una vez consagrada, la entregó a los moros, quienes la andaban arrastrando por el lodo, en medio de muchos escarnios.

Cuando don Lorenzo Suárez vio esto, aunque vivía con los moros, se acordó de su condición de cristiano; y pensando que ése era verdaderamente el cuerpo de Jesucristo —muerto por redimir a los pecadores—, consideró que su fin sería bienaventurado si ocurría por vengarle y librarle de las deshonras que esas falsas gentes le causaban, con el enorme pesar de lo que veía, arremetió contra el traidor renegado y le cercenó la cabeza.

Después, se bajó del caballo y, arrodillado, adoró el cuerpo de Cristo que los moros habían arrastrado por el lodo. Luego que se arrodilló, la hostia, que estaba alejada de él, dio un salto desde el suelo y quedó en la falda de don Lorenzo Suárez Gallinato.

Al ver esto los moros, se consideraron afrentados y metieron mano a las espadas; con armas, palos y piedras arremetieron contra don Lorenzo con intenciones de matarle. Él también recurrió a la espada con que descabezara al clérigo apóstata y empezó a defenderse.

Al oír este ruido y ver el rey moro que querían matar a don Lorenzo, mandó que nadie le hiciese mal y preguntó la razón del alboroto. Los moros que estaban quejosos y llenos de furia, contaron a su señor cómo había pasado todo.

El rey se indignó y se molestó mucho por esto. Muy enojosamente preguntó a don Lorenzo Suárez por qué lo había hecho sin orden suya. Don Lorenzo le respondió que bien sabía él que era cristiano y no seguidor de su ley, sin embargo de lo cual se confiaba en su lealtad nombrándole su guarda, cargo que no abandonaría ni por temor a la muerte. Si por tan leal lo tenía hacia su persona, siendo moro, que considerara, de acuerdo con esa misma condición suya, lo que debió hacer pues era cristiano, para proteger el cuerpo de Cristo, que es rey de los reyes y señor de los señores. Ahora, si por ello queda matarle, jamás le favorecería mejor ocasión para perecer.

Cuando el rey le oyó, sintió agrado por la acción de don Lorenzo y le quiso y apreció mucho más desde ese momento en adelante.

Vos, señor conde Lucanor, si sabéis que aquel hombre que busca protección en vos es bueno y de confianza, aunque os digan que cometió desaguisados, no lo privéis por ello de vuestro amparo, pues suele ocurrir que los hombres piensan que ocurrió sin razón lo que no vieron o no fue así, como pensó el rey don Fernando de don Lorenzo Suárez Gallinato que había cometido un agravio matando un clérigo, hasta que conoció la razón. De modo que podemos decir que don Lorenzo hizo la mejor acción del mundo. Pero si, efectivamente, supieseis que ese hombre cometió una vileza, bien hacéis en no quererle junto a vos.

Al conde le agradó mucho el consejo y lo puso en práctica para su bien.

Comprendiendo don Juan que el cuento era muy bueno, lo hizo escribir en este libro con los versos que siguen:

Muchas cosas aparecen sin razón
pero en el fondo muy excelentes son.

Ejemplo XXIX

**DE LO QUE SUCEDIÓ A UNA ZORRA QUE SE TENDIÓ
EN LA CALLE HACIÉNDOSE LA MUERTA**

Otra vez, hablaba el conde Lucanor con Patronio, su consejero, y le dijo así:

–Patronio, un pariente mío vive en un lugar donde no tiene tanta defensa como para evitar desmanes de los poderosos, quienes desearían mucho que cometiese algo que disculpara un ataque en su contra. Mi pariente piensa que le es muy afrentoso soportar aquello que le hacen y desea aventurarlo todo antes de seguir sufriendo tantas molestias cada día. Y como yo deseo que él siempre acierte en lo mejor, os ruego me digáis de qué modo debo aconsejarle para que nada le suceda en esa tierra.

Respondió Patronio:

–Señor conde Lucanor, para que podáis aconsejarle me agradaría que supieseis lo que sucedió una vez a la raposa que se hizo la muerta.

El conde le pidió que le relatara el caso.

–Señor conde –prosiguió Patronio–, una zorra entró una noche en un corral donde había gallinas. Cuando había comido bastantes y pensó que podría retirarse, era ya de día y todas las gentes andaban por las calles. Al ver que no se podía esconder, salió ocultamente a la calle y se extendió como si estuviera muerta.

Cuando la vieron, todos pensaron que estaba muerta y nadie se fijó en ella.

Al término de un rato, pasó por allí un hombre, dijo que los pelos de la frente de la raposa eran buenos para evitar que aojaran a los niños y los trasquiló con unas tijeras.

Después vino otro y dijo eso mismo de los pelos del lomo; y otro, del de las ijadas. Así fueron diciendo hasta que la trasquilaron entera. A pesar de todo, la vulpeja jamás se movió porque sabía que no importaba perder aquellos pelos.

Más tarde apareció otra persona y, reparando en que la uña del pulgar de la raposa era buena para los panadizos, arrancósela. Tampoco se movió la zorra.

Vino después otro y afirmó que los dientes del animal eran buenos para el dolor de muelas y se los sacó. La zorra tampoco se movió.

Posteriormente, apareció otra persona sosteniendo que el corazón de la zorra era bueno para el dolor de corazón, precisamente, y puso mano en un cuchillo para arrancárselo. Comprendió la zorra que si se lo arrancaban no tendría remedio, pues perdería la vida, por lo que consideró preferible aventurarse a cualquier cosa antes que soportar algo que significaba su fin. Arriesgóse, se esforzó por salvarse y escapó perfectamente.

Vos, señor conde, aconsejad a vuestro pariente que si se desterró a sitio donde no se comportan con él como desearía o le corresponde, que en cuanto tales acciones puedan soportarse sin daño mayor o afrenta, dé a entender que eso no le perjudica grandemente, y lo olvide; pues cuando el hombre da a comprender que no está maltrecho por lo realizado en su contra, sufre menos vergüenza; pero, desde que deja ver que está malparado, si no trata en adelante de hacer lo que debe, no recobrará su antiguo prestigio. Por ello, a lo pasajero es preferible no concederle importancia; mas si fuere algo dañoso o causa de futuros males, hay que aventurarse y no soportarlo, pues es preferible la pérdida total o la muerte en defensa de honra, derechos y condición, que vivir pasando tales cosas, mal y con deshonra.

El conde encontró que era un excelente consejo.

Y don Juan lo hizo escribir en este libro, agregándole los siguientes versos:

Soporta los daños cuanto pudieres,
pero solamente los que debieres.

Ejemplo XXX

DE LO QUE SUCEDIÓ AL REY ABENABET DE SEVILLA CON ROMAIQUÍA, SU MUJER

Hablaba un día el conde Lucanor con Patronio, su consejero, del modo siguiente:

–Patronio, me sucede así con una persona: que muchas veces me ruega y me pide que le ayude y le ceda algo de lo mío. Y aunque, cuando cumplo lo que me solicita, da a entender su agradecimiento, luego que me pide otra cosa, si no lo hago como él desea, se enoja y da a entender que nada me agradeció y que ha olvidado todo lo que por él hice. Os ruego, por vuestro buen entender, que me aconsejéis cómo debo comportarme con ese hombre.

–Señor conde Lucanor –respondió Patronio–, me parece que os sucede como al rey Abenabet de Sevilla con Romaiquía, su mujer.

El conde se interesó por esa historia.

–Señor conde –prosiguió Patronio–, el rey Abenabet estaba casado con Romaiquía, a quien amaba más que nada en el mundo. Era excelente esposa y los moros recibían de ella muy buenos ejemplos; pero en algo no era tan buena: en que a veces quería cumplir algunos caprichos a su entera voluntad.

Sucedió que un día estando en Córdoba, en febrero, nevó. Cuando Romaiquía vio la nieve, empezó a llorar. El rey le preguntó por qué lo hacía, a lo que ella respondió que porque no la tenía en lugar donde nevase con frecuencia.

El monarca, por complacerla, hizo poner almendros por toda la sierra de Córdoba para que –siendo Córdoba tierra cálida, en que no nieva todos los años– en febrero parecieran nieve los almendrales floridos, con lo cual se cumpliría el antojo de la reina.

En otra oportunidad, estando Romaiquía en una habitación que miraba al río, vio a una mujer descalza que preparaba el lodo para hacer adobes. La reina empezó a llorar y el rey, otra vez, preguntóle por qué lo hacía. Respondió ella que porque jamás podía estar a su antojo, aunque fuera haciendo lo que esa mujer.

Entonces, por agradarla, el rey ordenó llenar de agua de rosas aquel gran estanque de Córdoba en lugar del agua corriente que venía; en vez de lodo hizo poner azúcar, canela, espliego, clavos, almizcle, ámbar, algalia y todos los perfumes y especias excelentes que pudo encontrar; en vez de paja, hizo poner caña de azúcar. Cuando la fuente estuvo llena de estas cosas, tal como podéis imaginar, dijo el rey a Romaiquía que se descalzara, pisara el lodo e hiciese cuantos adobes desease.

Otro día, por otra cosa que se le antojó, empezó a llorar y el rey le preguntó la razón.

Contestóle que cómo no iba a llorar si él nunca hacía nada por complacerla. Viendo el monarca que, con lo tanto que había él realizado por agradarla y cumplir su voluntad, no era posible hacer más, le dijo una frase que en árabe es así: *wa la nahar attin?*, que quiere decir: ¿Ni siquiera el día del lodo?, como dándole a entender que, pues las otras cosas las olvidaba, no debía olvidar el lodo que ordenara hacer para alegrarla.

Si veis, señor conde, que aunque mucho os esforcéis por aquel hombre, si no le cumplís todo lo que pide, olvida pronto y desagradece lo anteriormente cometido, os aconsejo que no realicéis por él tanto que se pueda volver daño en vuestra hacienda. También os aconsejo que, si alguien hiciese por vos algo beneficioso y después no todo lo que deseareis, que no por ello le desconozcáis el beneficio que de su acción os vino.

El conde consideró éste un buen consejo, lo siguió y le fue beneficioso.

Considerando don Juan que era un buen ejemplo, hízolo escribir en este libro y agregó los versos siguientes:

Nunca abandones los bienes conseguidos
por los que se muestran desagradecidos.

Ejemplo XXXI

DEL JUICIO QUE DIRIMIÓ UN CARDENAL ENTRE LOS CANONIGOS DE PARÍS Y LOS FRANCISCANOS

En cierta oportunidad conversaba el conde Lucanor con Patronio, su consejero, de este modo:

–Patronio, un amigo mío y yo deseamos hacer algo muy beneficioso para ambos: yo podría realizarlo pronto, pero no me atrevo hasta que él llegue. Por la sabiduría que Dios puso en vos, os ruego me aconsejéis.

Respondió Patronio:

–Señor conde, para que sigáis el camino más conveniente en este asunto, me agradaría que supieseis lo que sucedió a los canónigos de la catedral de París con los franciscanos.

El conde se mostró muy interesado por saberlo.

–Señor conde –continuó Patronio–, los de la catedral decían que, por ser ellos los más importantes, deberían tocar primero las campanas a las horas; los franciscanos respondían que ellos tenían que estudiar y levantarse al tiempo de maitines y en oportunidad de no perder su estudio; por lo demás estaban exentos y no era su obligación esperar a nadie.

Grande fue la contienda en torno a esto y demandó enormes gastos a las partes en litigio. Después de mucho tiempo, un nuevo pontífice encargó a un cardenal que resolviera el asunto de uno u otro modo.

El cardenal ordenó que le trajeran el proceso, cuyo solo volumen habría espantado a cualquiera; cuando tuvo todos los escritos ante sí, señaló a las partes un determinado plazo para que vinieran a conocer la sentencia.

Y cuando estuvieron ante él, hizo quemar las hojas y les dijo:

–Amigos, este pleito ha durado mucho y a todos os ha perjudicado grandemente; como no deseo que esto se prolongue, doy sentencia: el que despierte antes, antes toque.

Vos señor conde, si el asunto es provechoso para vos y vuestro amigo, y lo podéis hacer, os aconsejo que lo realicéis sin demora, pues muchas veces se pierden las cosas que podrían terminarse, por aplazarlas; después, cuando se quiere, ya no se pueden hacer.

El conde se consideró bien aconsejado, lo hizo así y le fue bien.

Comprendiendo don Juan que el ejemplo era excelente, lo hizo escribir en este libro y agregó los versos que siguen:

Si gran beneficio puedes obtener,
no lo demores, que se puede perder.

Ejemplo XXXII

DE LO QUE SUCEDIÓ A UN REY CON LOS MALANDRINES QUE TEJÍAN

Hablaba otra vez el conde Lucanor con Patronio, su consejero, y le decía:

–Patronio, un hombre vino a proponerme algo grandemente provechoso y que iría en mi beneficio, pero díceme que no lo deje saber a ninguno, por mucha confianza que le tenga. Tanto me encarece que guarde el secreto que me llega a decir esto; si a alguien lo comunico, todo lo mío, incluyendo mi vida, está en grave peligro. Como sé que nadie podría deciros cosa que no entendáis si es para bien o si es engaño, os ruego que me expongáis vuestro parecer.

–Señor conde Lucanor –dijo Patronio–, para que entendáis, según mi modo de pensar lo que os conviene hacer, me agradaría que supieseis lo sucedido a un rey con tres malandrines que se le acercaron.

El conde le pidió que se lo contara.

–Señor conde –continuó Patronio–, tres desvergonzados se presentaron a un rey y le dijeron que eran excelentes tejedores de paños y muy principalmente que sabían hacer una tela que sólo veía quién era hijo del padre que comúnmente se le asignaba; mas, el que no fuera hijo del padre que él mismo pensaba y la gente creía, ese no podría ver la tela por ningún motivo.

Todo le agradó mucho al rey, pensando que gracias a ese género sabría cuáles eran hijos de los que aparecían como sus padres y cuáles no; así aumentaría sus riquezas, pues los moros no heredan nada de sus progenitores si efectivamente no son sus hijos. Para todo lo cual ordenó que se diese un recinto en el cual los malandrines tejiesen su tela.

Ellos le manifestaron que, para que se convenciera de la falta de engaño, los mandara encerrar hasta que la tela estuviese terminada, lo que agradó al rey. Cuando se hubieron prevenido de mucho oro, plata, seda y dinero para hacer el paño entraron en el lugar y fueron encerrados.

Ellos montaron su taller y simularon pasar el día tejiendo. De ahí a un tiempo, uno de ellos fue a comunicar al rey que se había empezado el tejido y que era lo más hermoso del mundo, describiéndole, además, las figuras y labrados que ya estaban listos; como favor, le pidió que le fuese a ver, pero que nadie entrara con él. Todo lo cual agradó mucho al monarca.

Queriendo probar aquello primeramente con otro, envió a un camarero suyo para que lo viera, sin advertirle que le contara la verdad.

Cuando el camarero vio a los maestros y oyó sus dichos, no se atrevió a decir a su señor que no había visto el paño, por lo que afirmó haberlo admirado mucho. Después el rey envió a otro, que le dijo lo mismo, y todos los que mandó volvieron con la misma respuesta y la misma admiración por la tela, hasta que fue el rey en persona.

Al entrar en la sala, vio a los engañadores que estaban tejiendo y decían: «Esto es tal labor, esto representa tal historia, ésta es tal figura y éste tal color». Estaban muy de acuerdo pero, a su ver, no tejían nada. Cuando el rey vio que no tejían y afirmaban cómo era la tela, que él no veía, a pesar de que tantos ya lo habían hecho, túvose por muerto y pensó que no era hijo del rey al que tenía por su padre, y esa era la razón que le impedía ver el paño; temió manifestarlo porque perdería su reino y comenzó a alabar mucho el tejido y se aprendió muy bien la descripción que los falsos tejedores le hacían.

Cuando estuvo en palacio con los suyos, empezó a contar maravillas de la calidad y hermosura de la tela, describiendo las figuras y cosas que en ella había; pero no tenía conformidad con su sospecha.

Dos o tres días después mandó a un privado a que fuese a ver el tejido, no sin antes describirle las maravillas y finuras que contenía. Fue allá el ministro y cuando vio a los maestros que tejían e iban mencionando las figuras y escenas de la tela que el rey también viera –para él invisible– empezó a pensar que esto sucedía porque no era él hijo de quien creía y que si aquello se supiese, perdería toda su honra. Por lo cual empezó a alabar la tela tanto o más que el mismo rey.

Cuando regresó ante el monarca y le comunicó que el paño era la cosa más notable y hermosa del mundo, el señor se sintió más desgraciado pensando que, si el ministro veía la tela y él no, todo confirmaba que no era hijo de quien hasta entonces creía. Por lo cual empezó a alabar más y más la bondad y nobleza de la tela y sus hacedores.

Al día siguiente, el rey envió a otro ministro suyo y le sucedió como a los restantes. ¿Qué más os diré? De este modo fueron engañados el rey y sus vasallos, pues ninguno se atrevió a decir que no veía el tejido.

Así siguió este asunto hasta que vino una gran fiesta y todos recomendaron al rey que se vistiera con la tela para esa oportunidad. Los tejedores la trajeron envuelta en muy buenas sábanas, dieron a entender que la desenrollaban y preguntaron al monarca que cómo deseaba que le cortasen el paño; él les explicó qué vestiduras deseaba, mientras ellos daban a entender que cortaban y tomaban medidas, para después entregarse a la costura.

Llegado el día de la fiesta, se presentaron los maestros ante el rey, con la tela cortada y cosida y le dieron a entender que lo vestían y le alisaban las arrugas. Lo hicieron así hasta que él se creyó vestido, pues no se atrevía a decir que no veía la tela.

Una vez así vestido, montó a caballo para recorrer la ciudad, y lo hizo en tiempo muy oportuno, pues era verano.

Cuando los habitantes lo vieron venir de ese modo, sabiendo que no veía la tela quien no era hijo del padre que creía, cada uno pensaba que los otros lo estaban viendo perfectamente, con excepción de él. Dar a conocer aquello sería la perdición y la deshonra. Eso sirvió para que la verdad quedase escondida, pues ninguno se atrevía a proclamarla, hasta que un negro, palafrenero real, que nada tenía que perder, se acercó al rey y le dijo:

–Señor, a mi no me daña que me consideréis hijo de quien yo creo o de otro cualquiera, por lo cual os afirmo que, o estoy ciego, o vais desnudo.

El rey lo empezó a denostar, diciéndole que no veía la tela por no ser hijo de su padre, sino de otro.

Cuando el negro dijo esto, otro lo repitió, y así lo fueron proclamando, hasta que todos dejaron de temer la verdad y comprendieron el engaño cometido por esos malandrines. Cuando los fueron a buscar, no apareció ninguno, pues ya se habían ido con lo que el rey les entregó por el engaño que conocéis.

Vos, señor conde Lucanor, pues aquel hombre os dice que nadie de los de vuestra confianza sepa lo que os propone, estad seguro de que piensa engañaros y en modo alguno desea vuestro beneficio; por el contrario, no os aprecia como los que viven con vos, que os guardan gratitud por los bienes de vos recibidos.

El conde comprendió que este consejo era bueno y lo siguió, con gran provecho.

Viendo don Juan que el cuento era muy bueno, lo hizo escribir en el libro y compuso los siguientes versos:

Quien te aconseja encubrirte del amigo
sabe que le engaña y no vale ni un higo.

Ejemplo XXXIII

DE LO QUE SUCEDIÓ A UN HALCON SACRE DEL INFANTE DON MANUEL CON UN ÁGUILA Y UNA GARZA

En otra oportunidad hablaba el conde Lucanor con su consejero Patronio, de esta manera:

–Me sucedió, Patronio, que me vi en necesidad de contender con muchos hombres y pasado aquello, algunos me aconsejan que repose y esté en paz, mientras otros me recomiendan que inicie otra vez la ofensiva contra los moros. Como sé que ninguno me podría aconsejar mejor que vos, os ruego me digáis qué debo hacer para solucionar este problema.

–Señor conde Lucanor –dijo Patronio–, para que acertéis en lo mejor, sería conveniente que supieseis lo sucedido a los excelentes halcones garceros y especialmente lo acaecido a un halcón sacre, de propiedad del infante don Manuel.

El conde le preguntó por aquel suceso.

–Señor conde –prosiguió Patronio–, andaba el infante don Manuel de caza, cerca de Escalona, y lanzó un halcón sacre en persecución de una garza. Remontando su vuelo el halcón en pos de su presa, se le vino encima un águila. El halcón, con miedo de ésta, abandonó la garza y empezó a huir; a su vez el águila, cuando vio que no podía apoderarse del halcón, se fue. El halcón, al ver desaparecer el águila, volvió a la garza y empezó a proceder muy bien para abatirla. Yendo en su seguimiento, asomó de nuevo el águila y el halcón empezó a huir como en la oportunidad anterior. Ida el águila, regresó el halcón a su presa y esto prosiguió así tres o cuatro veces: cada vez que el águila se iba, regresaba pronto el halcón sobre la garza, y cuando el halcón tornaba a su trabajo, se le venia encima el águila, para acabar con él.

Comprendiendo el halcón que el águila no le permitiría matar su caza, la abandonó y, remontando el vuelo, cayó sobre ella numerosas veces, hiriéndola tanto que abandonó el paraje. Conseguido esto, regresó a su presa y volando tras ella vio aparecer nuevamente el águila con intenciones de matarle. Viendo el halcón que no le quedaba otra cosa que hacer, ascendió otra vez sobre el águila y dejóse caer sobre ella tan fuertemente que le quebró un ala. Cuando la vio caer con el ala rota, regresó el halcón a la garza y la mató. Hizo esto porque pensaba que no debía abandonar la presa luego de haberse desembarazado del águila que le molestaba.

Vos, señor conde Lucanor, pues sabéis que vuestra caza, vuestra honra y todo vuestro bien para cuerpo y alma residen en el servicio que hagáis a Dios, y estáis cierto de que en nada, según vuestro estado, podéis servirle tanto como luchando contra moros para ensalzar la santa y verdadera fe católica, os aconsejo que, luego que estéis seguro de otros enemigos, luchéis contra los moros. Haréis con ello muchos bienes: en primer término, serviréis a Dios; en seguida, incrementaréis vuestra honra, viviendo en vuestro oficio y obligación de caballero, sin comer el pan de balde, lo que a ningún gran señor queda bien. Pues los señores, cuando no estáis cumpliendo vuestros menesteres, no apreciáis a los vuestros como es debido, ni hacéis por ellos lo justo, dedicándoos a cosas que muchas veces convendría evitar. Así como es cierto que a los señores os es bueno y provechoso tener alguna ocupación, también es cierto que ninguna es tan excelente, honrada y provechosa para cuerpos y almas como la guerra contra moros. Tened en mientes el tercer ejemplo que os puse en esta obra, el del salto que dio el rey Ricardo de Inglaterra y cuánto ganó por haberlo realizado. Meditad en que habéis de morir y en que habéis hecho muchas ofensas a Dios; siendo Él tan justo y recto, no podréis salir sin castigo por los pecados cometidos. Tratad de lograr la buena fortuna de que en una sola acción os sean perdonadas vuestras culpas, pues si morís combatiendo a los moros y confesado, seréis mártir y bienaventurado; aun no muriendo en acción de guerra, las buenas obras y la buena intención os salvarán.

El conde consideró que era un buen ejemplo, digno de seguirse y rogó a Dios que permitiese todo fuera según su deseo.

Comprendiendo don Juan que era un relato excelente, lo hizo escribir en este libro y compuso los versos que siguen:

Si Dios en la salvación le da confianza,
trata de lograr eterna bienandanza.

Ejemplo XXXIV

DE LO QUE SUCEDIÓ A UN CIEGO QUE GUIABA A OTRO

En otra oportunidad, hablaba el conde Lucanor con Patronio, su consejero, de este modo:

–Patronio, un pariente y amigo mío en quien confío mucho y sé que me aprecia verdaderamente, me aconseja que me dirija a un lugar del cual recelo bastante. Él me dice que no tema, pues antes desearía la muerte que permitir un daño para mi persona, por lo cual os pido consejo.

Respondió Patronio:

–Señor conde Lucanor, para este caso, me agradaría que supieseis lo sucedido entre los ciegos.

El conde le preguntó cómo había sido.

–Señor conde Lucanor –respondió Patronio–, un hombre que vivía en una villa quedó ciego. Estando ciego y pobre, se el acercó otro invidente que vivía en el lugar y le recomendó que fueran ambos a otra ciudad cercana a mendigar, con el producto de lo cual podrían subsistir.

El otro ciego le manifestó que él conocía el camino hacia esa ciudad, sus quebradas, barrancos y pasos difíciles, por lo cual recelaba mucho del viaje.

Le respondió el segundo que no temiese, pues él le acompañaría y le pondría a salvo. Tanto se lo aseguró y tantos fueron los beneficios que le mostró del viaje, que el ciego le creyó y se fueron.

En cuanto llegaron a los lugares difíciles y peligrosos, se desbarrancó el ciego que hacía de guiador y con él cayó el que tanto le temía al camino.

Vos, señor conde, si teméis con razón, y es peligroso tal hecho, no entréis en riesgos porque os asegure vuestro pariente y amigo que él morirá antes de que vos recibáis perjuicio; porque, en verdad, os servirá poquísimo que el muera y vos quedéis con el daño acuestas y, además, muráis.

Consideró el conde este consejo como muy bueno, siguiólo y se benefició.

Comprendiendo don Juan que el relato era bueno, lo hizo escribir en el presente libro y compuso esto versos:

Nunca te metas en acciones peligrosas,
aunque un amigo te prometa muchas cosas.

Ejemplo XXXV

DE LO QUE SUCEDIÓ A UN HOMBRE QUE SE CASO CON UNA MUJER DURA Y DE MAL CARACTER

Hablaba en otra oportunidad el conde Lucanor con su consejero Patronio y le decía:

–Patronio, uno de mi casa me dijo que le preparan matrimonio con una mujer riquísima, más noble que él, y aunque el casamiento le es muy provechoso tiene una tacha y es ésta: díjome que le habían contado de aquella mujer que es la más intratable y brava del mundo. Os ruego que me aconsejéis si debo ordenarle el casamiento con ella, sabiendo cómo es, o si le mando que no lo haga.

Respondió Patronio:

–Señor conde, si él fuera del temple que tenía el hijo de un excelente moro, aconsejadle que se case con ella: pero si no fuese parecido a él, no se lo recomendéis.

El conde le rogó que le explicara aquello.

Le relató Patronio que en una ciudad había un buen hombre, padre de un hijo óptimo. No era tan rico como para realizar las acciones que su corazón le dictaba, lo cual le tenía en gran preocupación, pues le sobraba voluntad y no podía cumplirla.

En la misma villa había otro habitante mucho más honrado y rico, que tenia solamente una hija, muy distinta de aquel joven, pues cuanto tenia él en buenas maneras, lo superaba ella en las malas y en su pésimo carácter, por lo cual nadie quería casarse con semejante demonio.

El buen joven se acercó un día a su padre y le comunicó que bien sabía él que no era tan rico como para darle manera de vida a su entero agrado y que pues le convenía llevar una existencia humilde y penosa, o irse de aquel lugar, si a él, su padre, le parecía bien, encontraba mejor intentar un casamiento que mejorara su estado. Le respondió el padre que le agradaba, siempre que encontrase una joven de su conveniencia.

Respondió el joven que, si a él le parecía, podría intentar que aquel hombre de la hija brava se la diese por esposa. Al escuchar esto, el anciano se maravilló y le dijo que cómo pensaba en eso cuando nadie, por pobre que fuese, deseaba unirse a ella. Insistió el hijo en que por favor le concertase aquel matrimonio, y tanto rogó que, aunque a su padre le pareció extrañísimo, terminó aceptándolo y se encaminó a casa del caballero citado, del cual era gran amigo. Le relató lo que sucedía con su hijo y pidióle que, pues su hijo se atrevía a casarse, le cediese a su hija en matrimonio. Al escuchar esto de labios de su amigo, el padre de ella le advirtió:

—Amigo, por Dios, si yo tolerase esto, me portaría como muy falso. Vuestro hijo es excelente y pienso sería gran maldad que yo consintiese en su daño o en su muerte.

Estoy cierto de que si se casa con ella, o será muerto o preferirá cualquier fin a la vida. No creáis que os digo esto por no cumplir vuestro deseo; si queréis a mi hija, a mí me satisface mucho darla a vuestro descendiente o a quien me la saque de casa.

Su amigo le contestó que le agradecía mucho todo eso y que, pues su hijo deseaba tal unión, la autorizaba.

Se llevó a efecto el matrimonio y condujeron a la novia a casa de su marido. Los moros tienen la costumbre de preparar la cena a los novios, les aderezan los cubiertos y después les dejan solos hasta el día siguiente.

Hiciéronlo así, quedando los padres y los parientes de ambos muy recelosos, pues creían que a la mañana próxima encontrarían al novio muerto o muy maltrecho.

Cuando los recién desposados quedaron solos en casa, se sentaron a la mesa y antes de que ella dijese palabra, miró el novio alrededor, vio un perro y le dijo muy bravamente:

–Perro, danos agua a las manos.

El perro, por cierto, no lo hizo y él comenzó a enfurecerse, ordenándole más duramente aún que les diese agua a las manos. El perro no lo hizo y cuando su amo vio que no lo cumplía, se levantó airadísimo, echó mano a la espada y se le acercó. Cuando el perro lo vio acercarse, empezó a huir, y él detrás, saltando ambos por los manteles, la mesa y el fuego, hasta que le alcanzó, le cortó la cabeza y las patas y le destrozó, ensangrentando toda la casa.

Muy enojado y lleno de sangre, volvió a sentarse a la mesa, mirando a su alrededor. Vio un gato y le dijo que le trajese agua para las manos. Como no obedeciera el animal, exclamó:

–¡Cómo, don falso traidor! ¿No viste lo que hice al perro por no obedecer mis órdenes? Prometo que si no me cumples, haré contigo lo mismo que con el perro.

El gato no obedeció, pues está tan poco acostumbrado como el perro a dar agua a las manos. Como no lo hiciera, el hombre se levantó, tomóle por las patas y le estrelló contra la pared, haciéndole más de cien pedazos y mostrando aún más saña que con el perro.

Así, enojadísimo, y dejando traslucir su ira en gestos y ademanes, se volvió a la mesa, mirando a todos lados. La mujer, que le veía actuar, pensó que estaba trastornado y no se atrevía a decir nada.

Cuando él hubo mirado a todas partes, vio a su caballo, el único que tenía, y le ordenó que les diese agua a las manos. El caballo no lo hizo, y al ver esto, el hombre exclamó:

–¡Cómo, don caballo! ¿Pensáis que porque no tengo otro permitiré que sigáis viviendo sin cumplir mis órdenes? Guardaos, que si por vuestra mala ventura no hiciereis lo que os mando, juro a Dios que os daré tan mala muerte como a los otros; nadie en el mundo que deje de obedecerme se librará de eso.

El caballo estuvo quedo y cuando él vio que no cumplía su orden, se le acercó, y le cortó la cabeza con la mayor saña y le despedazó enteramente.

Al ver ella que mataba a su caballo, no teniendo otro, y que prometía lo mismo a quien no obedeciese, pensó que ya no era broma, y con el gran miedo no sabia ya si estaba muerta o viva.

Él, ensangrentado y furioso, tornó a la mesa, jurando que si mil caballos, hombres y mujeres hubiese en casa que no le obedecieren, todos serían igualmente muertos. Se sentó y miró a todas partes, con la espada sangrienta en el regazo. Cuando vio que nadie más había, volvió los ojos a su mujer muy enojadamente y le ordenó con energía, espada en mano:

—Levantaos y dadme agua a las manos.

Ella, que no esperaba sino ser despedazada, levantóse rápidamente y cumplió la orden. Él le afirmó:

—¡Ah, cómo agradezco a Dios que hayáis hecho lo que os mandé! De otro modo, con la indignación que estos locos me causaron, lo mismo que a ellos os hubiera hecho.

Después le ordenó que le sirviese la comida, lo que ella hizo solícitamente. Cada vez que le pedía algo, se lo ordenaba tan duramente y con tal tono que ella ya veía rodar su cabeza.

Eso sucedió en la primera noche, de modo que ella nunca hablaba sino que hacía los deseos de él. Después se acostaron; cuando hubieron dormido un rato, le dijo él:

—Con el enojo que he pasado no puedo dormir bien. Cuidad de que nadie me despierte mañana y tenedme listo el desayuno.

Avanzada la mañana los padres y parientes de ambos llegaron a la puerta y, como no escuchaban voces, creyeron muerto o herido al recién casado. Al ver aparecer en la puerta a la novia y no a él, lo confirmaron.

Ella, al enfrentarles, se acercó muy despacio y les dijo con temor:

—¡Locos traidores! ¿Qué hacéis? ¿Cómo os atrevéis a acercaros y a hablar? ¡Callad! de otro modo, vosotros y yo, todos, seremos muertos.

Cuando escucharon esto, se maravillaron y, al saber todo lo que había pasado, apreciaron mucho al joven por hacer lo que le cumplía y guiar tan excelentemente su hogar.

Desde entonces, la esposa modificó su modo de ser y llevaron en lo sucesivo excelente vida.

Al poco tiempo, el suegro quiso hacer lo mismo que el yerno y mató un gallo. Su mujer le dijo:

—Don Fulano, con seguridad que os acordasteis tarde, pues ya nada os valdría matar cien caballos. Debisteis comenzar antes, pues ya bien nos conocemos.

Vos, señor conde, si queréis aconsejar a ese deudo que contraerá matrimonio con quien me decíais, mirad a lo siguiente: si él fuera como aquel joven, aconsejadle directamente que se case y él sabrá cómo conducir su hogar; pero, si no fuere tal que comprenda sus obligaciones y lo que le corresponde, dejadlo que siga los dictados de su suerte. Y os aconsejo que a todos los hombres con quienes tuviereis relación, les deis a entender cómo han de portarse con vos.

El conde consideró que éste era muy buen consejo, lo que siguió y le fue de mucho beneficio.

Don Juan, apreciando como excelente este relato, lo hizo escribir en el presente libro, con los versos que siguen:

Si desde el comienzo no muestras quién eres,
nunca podrás después, cuando quisieres.

Ejemplo XXXVI

DE LO QUE SUCEDIÓ A UN MERCADER CUANDO ENCONTRÓ A SU MUJER Y A SU HIJO DURMIENDO JUNTOS

Conversaba un día el conde Lucanor con su consejero Patronio, muy enojado por algo que le dijeron y él consideraba gran deshonra. Sostenía el conde que a causa de ello haría tan gran alboroto, que por siempre se considerase una verdadera hazaña.

Cuando Patronio lo vio tan enfurecido, le dijo:

—Señor conde, me agradaría mucho que supieseis lo que acaeció a un mercader que fue un día en busca de consejo. El conde se interesó mucho por el relato, que Patronio empezó así:

—Señor conde, en una ciudad vivía un gran sabio cuyo oficio no era otro que vender sus consejos. El comerciante de que os hablé, cuando supo aquello, fue a visitar al sabio de los consejos y le pidió algunos. Respondióle el sabio que de qué precio los deseaba, pues según fuese la categoría del consejo, así sería su precio. El mercader respondióle que deseaba consejo de un maravedí. Tomó el anciano el maravedí y le dijo:

—Amigo, cuando alguien os invite, si no sabéis qué manjares os servirá, hartaos de lo primero que os traigan.

El comerciante consideró que no le había dado un gran consejo, a lo que respondió el sabio que el pago no era como para un consejo muy valioso. El mercader le solicitó entonces consejo que valiese una dobla y se la entregó.

Díjole el consejero que cuando estuviese muy enojado y quisiese hacer algo con arrebato, que no se quejase ni enfureciese hasta saber toda la verdad.

El comerciante se dio cuenta de que aprendiendo tales consejos perdería cuantas doblas llevaba y no quiso pagar por más recomendaciones, aunque retuvo la última en su memoria.

Sucedió que se fue a una tierra muy lejana y cuando se apartó de su esposa, ella estaba encinta. Demoró tanto en sus ajetreos comerciales que, desde que naciera el hijo, hacía más de veinte años. La mujer, como no tenía otro hijo y pensaba que su esposo estaba muerto, se consolaba con su presencia, y por el gran amor que guardaba al padre del joven, le llamaba marido. Él comía y dormía con ella como cuando era de un año o dos. Así transcurría su existencia, viviendo como buena mujer y siempre apenada porque nada sabía de su esposo.

Hizo el mercader todos sus largos negocios y regresó muy enriquecido. El día que puso pie en tierra y llegó a su ciudad, no dijo nada a nadie y se fue disimuladamente para su casa, donde se escondió para ver que se hacía.

Al atardecer, volvió el hijo y su madre le preguntó:

–¿De donde vienes marido?

El mercader, que oyó a su mujer llamar marido a aquel joven, se entristeció mucho, pues pensó que era hombre con el cual llevaba mala vida o con el cual acaso se había casado. Por la mocedad del hombre consideró que mayor maldad cometía su mujer, si no estaba casada. Les habría dado fin al instante, pero, recordando el consejo que le costara una dobla, se contuvo.

Cuando anocheció madre e hijo se sentaron a comer; el comerciante, al verles, sintió aún mayores deseos de matarles, pero el consejo aquel le apaciguó.

Pero cuando avanzó más la noche y les vio acostarse, se le hizo el sufrimiento insoportable y se dirigió a ellos para matarles. Furioso, pero recordando una vez más el consejo comprado, se mantuvo quieto.

Antes de apagar la luz, empezó la mujer a decir a su hijo, llorando:

–¡Ay, esposo e hijo! ¡Señor! Contáronme que llegó una nave al puerto, de aquel país a donde fue vuestro padre. Por amor a

Dios id al barco mañana al alba; Dios quiera que os den algunas noticias de él.

Cuando el mercader oyó aquello, recordó que, al partir, su mujer quedó encinta, comprendió que ese era su hijo y -no os maravilléis- se alegró grandemente. Agradeció mucho a Dios por haber impedido que los matara, como deseó, de lo cual le habría venido gran desgracia. Consideró, además, muy bien empleada la dobla que pagó por el consejo, gracias al cual no se dejó arrebatar por la pasión.

Vos, señor conde, aunque penséis que es terrible soportar lo que decís —en el caso de que no os engañéis— hasta que estéis convencido, yo os aconsejo que ni por ira ni arrebato iniciéis acción alguna. Y si con esto nada perdéis al soportarlo hasta averiguar la verdad, hacedlo así: del arrebato podría veniros pronto arrepentimiento.

Considerando el conde que este era muy buen ejemplo, lo puso en práctica para su bien.

A don Juan le pareció muy buen ejemplo, lo hizo escribir en este libro y agregó los versos siguientes:

Si, arrebatado, cometes hecho violento,
muy pronto te vendrá gran arrepentimiento.

Ejemplo XXXVII

DE LA RESPUESTA QUE DIO EL CONDE FERNÁN GONZÁLEZ A SUS HUESTES DESPUES DE VENCER EN HACINAS

Una vez venía el conde muy cansado de batallar, pobre y arruinado, y antes de reposar o solazarse le llegó llamamiento muy urgente para otra lucha que se preparaba. La mayoría de los suyos aconsejáronle que descansase algún tiempo y que después hiciera lo que le dictaba su parecer.

El conde preguntó a Patronio qué se debía hacer en ese caso y Patronio respondióle:

–Señor, para que elijáis lo más conveniente en casos como éste, me gustaría que conocieseis la respuesta que en esa oportunidad dio Fernán González a sus gentes.

El conde le preguntó que cuál había sido esa respuesta, y Patronio le contó lo que sigue:

–Señor, cuando el conde Fernán González venció al rey Almanzor en Hacinas, en la acción murieron muchos de los suyos; él y los que quedaron vivos escaparon muy malheridos y, antes de haberse repuesto, supo el conde que el rey de Navarra invadía esa región, por lo que ordenó a los suyos que se aprestasen a combatir a los navarros.

Sus hombres le manifestaron que ellos y sus cabalgaduras estaban agotadísimos y que, aunque no fuera esa una razón suficiente para dejar de hacerlo, reparase en que él y los suyos se encontraban malamente heridos, lo que recomendaba esperar hasta rehacerse.

Cuando el conde comprendió lo que les pasaba, sintiendo más lo que atañía a la honra que al agotamiento físico, les dijo:

—Amigos, que no quede por las heridas antiguas: las que ahora recibiremos nos harán olvidar las de la otra batalla.

Los del conde, al ver que nada le importaban su vida y su cuerpo por defender tierra y honra, le siguieron, ganaron la batalla y se llenaron de gloria.

Vos, señor conde Lucanor, si queréis hacer lo debido en defensa de lo que os pertenece y de los vuestros, además de la honra, jamás os resintáis por miseria física ni por trabajos ni peligros. Haced de modo que los riesgos y los dolores nuevos os hagan olvidar los pasados.

El conde encontró que era muy buen consejo y lo siguió para su bien.

Comprendiendo don Juan que el cuento era excelente, lo hizo poner en este libro y agregó los versos que siguen:

Esto tened por cierto, como verdad probada:
honra y regalo no tienen la misma morada.

Ejemplo XXXVIII

DE LO QUE SUCEDIÓ A UN HOMBRE QUE IBA CARGADO DE PIEDRAS PRECIOSAS Y SE AHOGÓ EN UN RÍO.

Dijo un día el conde Lucanor a Patronio que deseaba grandemente permanecer en un lugar porque en él debían darle una suma de dinero y pensaba beneficiarse enormemente; pero al mismo tiempo tenía recelo de detenerse porque su vida peligraba, por todo lo cual le pedía consejo sobre su futura actuación.

–Señor conde –contestó Patronio–, para que hagáis, según mi entender, lo mejor, sería conveniente que supierais lo que acaeció a un hombre que, llevando grandes riquezas atadas al cuello, atravesaba un río.

Preguntó el conde cómo había sido aquello, a lo que respondió Patronio:

–Señor conde, un hombre conducía a cuestas muchas piedras preciosas, tantas, que se le hacían pesadas de llevar. Tenía que atravesar un río muy caudaloso, y como iba tan cargado, se hundía mucho más de lo corriente. Cuando estaba en lo más hondo del río, empezó a hundirse peligrosamente.

Uno que estaba en la ribera le gritó advirtiéndole que si no abandonaba la carga se ahogaría. El pobre desgraciado no comprendía que, de morir en el río, perdería la vida y la carga que conducía; en cambio, si abandonaba la última, por lo menos conservaría la existencia. Impulsado por la codicia de lo que valían esas piedras preciosas, el mercader no las quiso abandonar, murió en el río y perdió con la vida la carga que llevaba.

Vos, señor conde, aunque sería bien que con los dineros y sus anejos recibierais beneficio, yo os aconsejo que, si ello hace peligrar vuestra vida, os apartéis, no sea que corráis riesgos por codicia, ni cosa parecida. Todavía más, os aconsejo que nunca expongáis vuestra existencia sino por aquello que ataña a vuestra honra o por aquello que, no realizado, iría en vuestro desmedro. Pues el que no se aprecia a sí mismo y por codicia o vanidad arriesga su existencia, bien creed que no abriga pensamiento bueno. El que se aprecia mucho a sí mismo, es necesario que se esfuerce por que lo quieran, ya que no es el hombre respetado porque él se estima a sí propio, sino por sus obras, que la gente se encarga de valorar. Si el hombre fuere como últimamente digo, creed que estimará mucho su vida y no la aventurará por codicia ni por cosa que deje de aportarle más honra; pero en aquello en que verdaderamente debe ponerse la existencia al borde del peligro, estad seguro que nadie en el mundo lo hará con tal prontitud ni aventurará tanto lo suyo como el que vale mucho y se aprecia mucho.

El conde consideró que era un ejemplo muy bueno, hízolo así y le fue muy provechoso.

Como don Juan entendió que el cuento era excelente, lo hizo escribir en el libro y le agregó estos versos:

Al que por las grandes riquezas se aventure,
maravilla será que el bien mucho le dure.

Ejemplo XXXIX

DE LO QUE SUCEDIÓ A UN HOMBRE CON LAS GOLONDRINAS Y LOS GORRIONES

Otra vez hablaba el conde Lucanor con Patronio, su consejero, de este modo:

–Patronio, yo no veo manera de evitar contienda con uno de mis dos vecinos; acontece que el que está más cerca de mí no es tan poderoso como el que está más alejado. Os ruego que me aconsejéis en mi proceder.

Respondió Patronio:

–Señor conde, para que busquéis lo más conveniente, sería bueno que supieseis lo que sucedió a un hombre con el gorrión y la golondrina.

El conde le preguntó cómo había sido.

–Señor conde –relató Patronio–, un hombre que estaba delicado de salud, sentía mucha molestia por el canto de las aves y pidió a un amigo que le aconsejara, pues no podía dormir con el ruido que hacían golondrinas y gorriones.

Aquel amigo le indicó que de las dos molestias –golondrinas y gorriones– no podría librarle a la vez, pero que sabía un encantamiento con que le libraría de uno de los males: o de los gorriones o de las golondrinas.

El enfermo respondió que aunque la golondrina canta más, como va y viene –mientras el gorrión se establece en casa–, prefería soportarla a ella.

Vos, señor conde, aunque vuestro vecino más lejano es el más poderoso, yo os aconsejo luchar primero con aquel que está más cerca, aunque sea tan fuerte como el otro.

El conde lo consideró un buen consejo y lo siguió para su bien.

Como a don Juan le agradó este relato, lo hizo escribir en el presente libro, y agregó los versos que a continuación se leen:

Si varias contiendas hubieres de sostener,
enfrenta al más cercano, sin mirar su poder.

Ejemplo XL

DE LAS RAZONES PORQUE PERDIÓ SU ALMA UN SENESCAL DE CARCASONA

Conversaba en otra oportunidad el conde Lucanor con su consejero Patronio y le decía:

–Patronio, porque yo sé que la muerte no se puede evitar, querría buscar modo de que, después de ella, quedase de mí algo notable, recuerdo para mantener siempre mi nombre vivo. Os ruego que me aconsejéis de qué modo puedo hacerla mejor.

–Señor conde –respondió Patronio–, aunque el bien obrar de cualquier modo o intención es siempre bien obrar, me agradaría que supieseis lo que sucedió a un senescal de Carcasona.

El conde se interesó por el caso, a lo que respondió Patronio:

–Un senescal de Carcasona enfermó gravemente, y cuando vio que no tendría remedio, llamó al prior de los dominicos y al guardián de los franciscanos, y con ellos arregló lo concerniente a su alma. Pidió que en cuanto muriera cumpliesen sus deseos. Ellos así lo hicieron.

Él se había preocupado mucho de su alma y como todo fue tan bien hecho y tan oportuno, los frailes estaban muy satisfechos y confiaban plenamente en su salvación.

Sucedió que unos días más tarde llegó a la villa una mujer poseída del demonio, la cual decía muchas cosas maravillosas, porque el diablo hablaba a través de ella y le permitiría saber lo hecho y aún lo dicho por las personas.

Al saber lo que tal mujer afirmaba, los frailes a que confiara el senescal su alma, consideraron que seria bueno ir a verla y a preguntarle por esa alma a ellos encomendada.

Así lo hicieron, y luego que entraron en la casa donde estaba la mujer endemoniada, antes de preguntarle nada, díjoles ella que sabía muy bien por qué venían y les afirmó de aquel alma que les preocupaba lo siguiente: hacía muy poco que se había separado de ella en el infierno.

Al escuchar esto, los frailes le manifestaron que mentía, pues él se había confesado y recibido los sacramentos de la Iglesia; como la fe cristiana es verdadera, lo que afirmaba ella en ese momento no podía ser cierto. Les respondió la mujer que sin duda la fe y la ley de los cristianos eran verdaderas y que si el senescal hubiese muerto o hecho lo que corresponde al verdadero cristiano, su alma ya estaría salvada; pero él no lo hizo como legítimo ni buen cristiano, pues aunque reiteradamente ordenó en beneficio de su alma, no lo hizo como debiera ni tuvo buena intención, pues él pidió todo aquello para después de fallecido y en tal caso su intención era cumplirlo, pero, en caso de no morir, no pensaba hacer nada de eso. Tuvo cuidado de ordenarlo para después de sus días, cuando ya no podría conservar ni llevar liada consigo, y además, dejó su fortuna con la intención de hacerse famoso, para que todo el mundo lo comentara. Por ello, aunque hizo buena obra, no la cumplió bien, pues Dios no recompensa únicamente las buenas acciones, sino que galardona las que se hacen bien y con sana intención. Este bien hacer reside, justamente, en la intención. Como la del senescal no fue buena, quedó sin la debida recompensa.

Vos, señor conde, pues pedís consejo os recomiendo que el bien deseado lo hagáis en vida. Para una buena recompensa conviene, primeramente que deshagáis los daños causados, pues poco valdría robar un carnero y regalar las patas por amor a Dios. Así, poco os valdría tener mucho dinero robado y dar limosna de lo ajeno. Además, para que esta limosna sea buena, conviene que tenga ésta cinco características: una, que se haga con lo ganado rectamente; segundo, que se realice estando en penitencia; tercera, que sea tanta la limosna que haga falta al que la da y note su ausencia; penúltimo, que se entregue en vida, y final, que se haga por amor a Dios y no por vanagloria ni vanidad mundana. Cumpliéndose estas cinco condiciones, señor, las obras y las limosnas estarán bien encaminadas y por ellas recibirá el hombre justa recompensa. Mas, porque vos y otros estén impedidos de llevarlas a cabo tan cumplidamente se deben abandonar las buenas obras, pensando en que, por no cumplir con los cinco requisitos enunciados, está de más hacerlas; ésa sería mala razón y carecer de fe, estad cierto que, de cualquier modo que uno haga un bien, siempre es bien: las buenas obras ayudan al hombre a salir del pecado, le conducen a penitencia, le dan salud al cuerpo, riqueza y honra, además de fama en el mundo y goce de los bienes temporales.

Todo bien, pues, que el hombre haga, es siempre bueno, pero sería mejor, para salvación y provecho del alma que se guardaran los cinco preceptos indicados.

Pensó el conde que era verdad lo afirmado por Patronio, deseó cumplirlo y pidió a Dios que le preparase todo para actuar como Patronio le recomendaba.

Comprendiendo don Juan que el ejemplo era muy bueno, lo hizo incluir en este libro y agregó los siguientes versos:

Que la buena intención al bien vaya unida:
así ganarás la gloria de otra vida.

Ejemplo XLI

**DE LO QUE SUCEDIÓ A UN REY DE CORDOBA
LLAMADO ALHAQUEN**

Hablaba un día el conde Lucanor con Patronio, su consejero, de este modo:

–Vos sabéis, Patronio, que soy un gran cazador y que he logrado en este campo lo que nunca logró otro hombre. He añadido y he hecho, además, cosas muy útiles en las pihuelas y capirotes de las aves de caza, adelantos antes desconocidos. Ahora, los que quieren denostarme se refieren a mí burlescamente y, así como loan al Cid o al conde Fernán González por las lides que vencieron, o al santo y bienaventurado rey don Fernando por cuantas conquistas hizo, me alaban diciendo que realicé gran labor porque añadí aquello en los capirotes y en las pihuelas. Como comprendo que este modo de alabanza es más bien despectivo, os ruego que me aconsejéis cómo debo actuar para que no me ofendan por la buena obra que hice.

–Señor conde Lucanor –respondió Patronio–, para que sepáis lo que más os cumpliría hacer en este caso, me agradaría que supieseis lo que sucedió a un rey moro de Córdoba.

El conde le preguntó cómo había sucedido y Patronio prosiguió su relato:

–Señor conde, hubo en Córdoba un rey llamado Alhaquén, y aunque mantenía muy bien su reino, no hacía esfuerzos por realizar actos honrados ni famosos, fuera de los que corrientemente hacen y deben hacer los buenos monarcas. Pues, en verdad, la obligación de los reyes no es sólo la de cuidar sus reinos, sino que –especialmente los buenos reyes– conviene realicen obras tales que con justicia aumenten sus posesiones y sean alabados en vida por sus súbditos y, una vez desaparecidos, quede el recuerdo de las hazañas y las obras excelentes que realizaron. El rey nombrado, no se preocupaba de eso, sino de comer, holgar y pasarlo regaladamente en su palacio.

Sucedió que, estando un día sin hacer nada, tocaban ante él un instrumento que agrada mucho a los moros: el albogón. Se fijó el rey y se dio cuenta de que no sonaba tan bien como podría; tomó el albogón y le agregó un agujero en la parte de abajo, a la derecha de los otros, y desde entonces se oyó mucho mejor que antes.

Y aunque tratándose de un instrumento, estaba muy bien hecho, porque no era una acción tan notable como convenía a un monarca, la gente, a modo de escarnio, empezó a alabar desmesuradamente aquello y cuando deseaban loar a alguien, exclamaban: *wa hádi ziyádat Alhakam*, que quiere decir: «Este es el añadido del rey Alhaquén».

Tanto se repitió la frase, hasta que llegó a oídos del rey. Él preguntó la causa y aunque se la quisieron ocultar, les rogó tanto que se la dijeron.

Desde que lo oyó, se apesaró mucho, pero, como era excelente monarca, no quiso hacer mal a quienes lo repetían, sino que se esforzó grandemente por hacer algún otro añadido que las gentes, por fuerza, hubiesen de loar.

Como la mezquita de Córdoba no estaba terminada, añadió en ella todo el trabajo que faltaba y la concluyó.

Esta es la mayor, más hermosa y noble mezquita que los moros tenían en España; gracias a Dios, es ahora iglesia y llámanla Santa María de Córdoba, pues la ofreció el santo rey don Fernando a la Virgen cuando ganó la ciudad a los moros.

Terminada la construcción de la mezquita y aquel tan noble añadimiento, dijo el rey que así como hasta entonces le alababan burlándose del añadido que hiciera al albogón, de allí en adelante loaríanle con razón por el término de la mezquita cordobesa.

Efectivamente, fue muy loado, y la alabanza que antes le hacían burlescamente, quedó por verdadero loor.

Hoy día cuando los moros quieren ensalzar algún buen hecho, exclaman: «Es añadido de Alhaquén».

Vos, señor conde, si os entristecen que os loen con burla por el añadido que hicisteis a capirotes, a pihuelas y a otras cosas de caza, ved modo de realizar notables hechos, buenos y nobles, como corresponde a los grandes señores.

Forzosamente habrán, entonces, de loar vuestras buenas acciones así como ahora alaban por escarnio vuestros añadidos venatorios.

Consideró el conde que era éste un buen consejo y lo siguió para su provecho.

Don Juan, entendiendo que era un cuento excelente, lo hizo escribir en el presente libro y agregó estos versos:

Si hicieres algún bien que muy grande no fuere,
hazlo grande, si pudieres: el bien nunca muere.

Ejemplo XLII

DE LO QUE SUCEDIO A UNA FALSA DEVOTA

En otra oportunidad conversaba el conde Lucanor con Patronio, su consejero, de este modo:

–Patronio, varias personas hemos estado conversando y preguntándonos cuál es la manera que podría emplear un mal hombre para causar mayor daño a los demás. Unos decían que siendo un revoltoso; otros que siendo peleador; los restantes que asolando y robando las tierras, y algunos sostenían que el mayor perjuicio lo causaba el hombre de mala lengua y calumniador. Por vuestro buen entendimiento, os ruego me indiquéis de cuál mal de los señalados puede venir más daño a la gente.

–Señor conde Lucanor –dijo Patronio–, para que esto se os aclare deseo que sepáis lo sucedido al diablo con una de esas mujeres que simulan ser devotísimas.

El conde le preguntó cómo había sido.

–Señor conde –prosiguió Patronio–, en cierta ciudad había un excelente joven casado, con cuya mujer llevaba tan buena vida que jamás hubo desavenencias entre ellos.

Como el diablo nunca siente agrado por las buenas cosas, se apesaró mucho por todo esto y, aunque trabajó mucho por separarlos, nunca lo logró.

En una ocasión viniendo el demonio del lugar donde vivía el matrimonio, muy triste porque no podía enemistarlos, se cruzó con la beata. Una vez que se hubieron saludado, le preguntó ella la razón de su tristeza, a lo que él respondió que venía del sitio en que vivían ese hombre y esa mujer y que nunca había logrado hacerlos reñir. Ahora lo había sabido su jefe y le había amonestado por no lograr nada en tanto tiempo, todo lo cual lo tenía apenadísimo.

Ella le respondió que se maravillaba, pues sabiendo tanto como demonio, no lograba nada y le hizo ver que si cumplía sus deseos, todo se lo allanaría. Él le respondió que haría cualquier cosa con tal de que enemistase a ese matrimonio.

Convenido esto entre el diablo y la beata, se fue ella al lugar donde vivía el matrimonio, y pugnó tanto día a día, hasta que fue presentada a la esposa del joven; le hizo creer que se había criado en casa de su madre y que por esta relación se sentía obligada a servirla cuanto pudiese.

La buena mujer, creyéndole, la tuvo en su casa y le confiaba todos sus secretos, lo mismo que su marido.

Cuando vivió largo tiempo con ellos y lo sabía todo, se acercó un día muy triste a la esposa del joven, y le dijo:

–Hija, me duele mucho esto que he oído, pero vuestro marido gusta mucho más de otra mujer, por lo que os ruego le atendáis y complazcáis mucho, para que no sienta más agrado por otra, pues todo esto podría acarrear mucho mal.

Cuando la pobre mujer oyó esto, aunque no lo creyó, sintió una profunda tristeza. Desde que la beata la vio así, se fue a esperar al marido por ahí, y al encontrarse con él díjole que le pesaba mucho lo que hacia, teniendo a una mujer tan buena, y amando más a otra, lo que su esposa ya sabía, por lo cual estaba tan triste y había afirmado esto: si haciéndole ella tanto bien, le causaba este daño, buscaría ella a su vez quien la quisiera tanto o más que él. La beata le recomendó mucho que no se lo contara a su mujer, pues sería su muerte.

El marido, aunque tampoco creyó esto, quedó tristísimo. La hipócrita, terminada su misión, se fue al lado de la esposa, demostrando mucha pena:

–Hija, no sé que desgracia es ésta que vuestro marido se halla tan enfurecido con vos; para que lo comprobéis, fijaos cómo viene de triste y airado, lo que antes no ocurría.

Dejándola con este pesar, le fue a decir lo mismo al marido. Cuando él llegó a su casa y encontró a su mujer triste y desaparecidas las alegrías de antes, aumentó el pesar de ambos.

Salido del lugar, le manifestó la beata a la dama que si lo deseaba, buscaría un hombre muy entendido el cual podría hacer algo para que su marido le perdiese la mala voluntad.

La mujer, deseando vivir en paz con su esposo, le contestó que se lo agradecería mucho. A poco volvió la beata y le afirmó haber encontrado un hombre muy sabio, quien le recomendó que arrancara al marido unos pocos pelos de la barba, de aquéllos de la garganta, con los cuales haría un encantamiento para que él perdiera el odio que le tenía. Así, volverían a vivir la armoniosa existencia de antes o tal vez mejor. Le recomendó que cuando llegara él, viese el modo de hacerle dormir en su regazo y le entregó una navaja para cortar los pelos de la barba.

La buena mujer, por el amor que tenía a su marido, sufriendo mucho por la barrera que se había interpuesto y deseando más que nada volver a la armonía, le respondió a la beata que con todo agrado lo cumpliría así, y guardó la navaja que ella le entregó.

La hipócrita devota se dirigió ahora al marido y le demostró su pesar por su próxima muerte y ya que no lo podía ocultar, le dijo que su esposa deseaba matarle para irse con su amigo. Para probarle que decía verdad le comunicó el modo que usaría su mujer para eliminarle: luego que llegara a su casa, vería manera de hacerle dormir en su regazo y, una vez transpuesto, le degollaría con la navaja que tenía preparada.

El marido, al oír esto, se espantó y aunque antes ya estaba sospechoso por las falsedades de la beata, por lo de ahora entristeció más y se propuso probarlo, para lo cual se apresuró a llegar a su casa.

Luego que su esposa le vio, le recibió con más cariño que otros días, le dijo que siempre andaba trabajando sin descansar nunca, pero que ahora se acostase cerca de ella y que, si ponía la cabeza en el regazo de ella, le espulgaría.

Cuando el hombre oyó esto, confirmó lo que le dijo la falsa beata y, para saber lo que hacía su mujer, se echó a dormir en su regazo, dando a entender que nada sabía de este mundo. Al creerle dormido, su mujer sacó la navaja para cortarle algunos pelos de la barba, como la falsa beata le recomendó. Él, al ver la navaja en mano y muy cerca de su cuello, creyó todo lo dicho por la vieja hipócrita, le arrebató el arma y la degolló con ella.

Al ruido y a los gritos acudieron el padre y los hermanos de ella. Cuando vieron que la mujer –de la que nunca nadie tuvo una queja– era la muerta, con el gran dolor se enfurecieron, se arrojaron sobre el marido y le dieron muerte.

A la confusión, aparecieron los parientes del marido y mataron a los otros. De tal modo se complicó el asunto, que en aquella ocasión se dieron muerte la mayoría de los habitantes de la ciudad.

Todo fue consecuencia de las falsedades de aquella beata, pero como Dios nunca permite que el malhechor quede impune ni que se encubra lo cometido, preparó las cosas para que se supiera cuál era la causante de todo. La castigaron duramente y después la condenaron a muerte cruel y afrentosa.

Si queréis, pues, señor conde, saber cuál es la peor persona del mundo y la que causa mayores daños, estad cierto de que es aquella que aparece como excelente cristiana, buena y leal, siendo sus intenciones de la peor especie y la tal persona calumniadora y que inventa mentiras para enemistar a las gentes.

Os aconsejo que siempre os guardéis de aquéllos que muestran excesiva religiosidad, pues los más de ellos usan el mal y el engaño. Para que podáis conocerles, seguid el consejo del Evangelio: *A fructibus eorum cognoscetis eos*, lo que significa: Por sus obras los conoceréis. Estad cierto de que no hay hombre en el mundo que pueda ocultar por mucho tiempo lo que tiene en su interior; podrá encubrirlo un tiempo, pero no por siempre.

El conde consideró verdad lo que le decía Patronio, y se propuso seguir sus consejos, para lo cual pidió a Dios protección para él y los suyos de tales personas.

Entendiendo don Juan que el ejemplo era de muy buena enseñanza, lo hizo escribir en este libro y agregó los versos que dicen:

Repara en las obras, no en la semejanza,
si deseas guardarte de malandanza.

Ejemplo XLIII

DE LO QUE SUCEDIÓ AL BIEN CON EL MAL Y AL CUERDO CON EL LOCO

El conde Lucanor hablaba con su consejero Patronio de esta manera:

–Patronio, me sucede que tengo dos vecinos: uno es persona a quien estimo mucho, pues entre los dos hay muchas buenas razones de cariño, aunque a veces, no sé por qué, hace cosas que me enojan mucho; el otro, no es hombre de mi afecto ni hay entre él y yo nada en común para apreciamos. Este también a veces me hace diabluras que no me complacen. Como tenéis tan claro talento, os ruego me aconsejéis sobre la manera de proceder con ambos.

–Señor conde Lucanor –respondió Patronio–, lo que me contáis son dos hechos muy distintos entre sí. Para que podáis actuar de modo conveniente, me agradaría supieseis dos cosas: una, qué sucedió al Bien con el Mal, y otra, a un buen hombre con un loco.

El conde Lucanor se interesó mucho por ambos sucesos, que narró así Patronio:

–Señor conde, como son asuntos que no se pueden relatar al mismo tiempo, os contaré primero lo que ocurrió al Bien y al Mal, y después aquello del hombre con el loco.

El Bien y el Mal acordaron vivir juntos. El Mal, como es más movedizo y siempre anda revolviendo las cosas, pues no conoce descanso sino engaños y acciones torcidas, dijo a su compañero que sería conveniente tener algún ganado para mantenerse, lo que agradó mucho al Bien. Llegaron al acuerdo de tener ovejas.

Cuando éstas parieron dijo el Mal al Bien que del esquilmo escogiese lo que fuera de su agrado. El Bien, como es tan mesurado, no quiso ser el primero en elegir y pidió al Mal que lo hiciera antes. El Mal, como perverso y aprovechador que es, se mostró muy contento y le respondió que se quedara con los corderuelos recién nacidos y que le dejara a él la leche y la lana. El Bien le dio a entender que estaba satisfecho con la partición.

Posteriormente, el Mal manifestó deseos de criar cerdos, lo que agradó a su compañero. Cuando parieron, el Mal le dijo que, así como la vez anterior se había quedado con las ovejitas y él con la leche y la lana, que ahora se hiciera un cambio y para él fuesen los recién nacidos y para el Bien la leche y la lana de las puercas. El Bien aceptó aquella parte.

Después, el Mal propuso cultivar algunas hortalizas, y sembraron nabos. Nacidos éstos, dijo el Mal a su compañero que no sabía lo que estaba soterrado, pero para que él viera lo que tomaba, que se quedara con las hojas de los nabos, visibles y sobre la tierra; él se haría cargo de lo que estaba bajo la tierra. El Bien, pues, se hizo cargo de aquella parte.

Con posterioridad sembraron coles, y una vez crecidas, el Mal dijo al Bien que así como la otra vez se quedara con lo que está sobre la tierra, se hiciera cargo ahora de lo que está debajo, a lo que su acompañante accedió.

Por último, el Mal hizo presente al Bien que sería oportuno tener una mujer que les sirviese, lo que agradó al último. Cuando la consiguieron dijo el Mal al Bien que tomara de ella lo que va de la cintura a la cabeza y que él se haría cargo de lo restante, lo que pareció bien a su compañero. De modo que la parte del Bien hacía los trabajos de la casa y la otra, casada con el Mal tenía que dormir con su marido.

La mujer quedó encinta y cuando el hijo nació, quiso darle de mandar. El Bien al ver esto, se lo impidió, pues la leche le pertenecía a él y de ningún modo la dejaría para otro. Cuando el Mal, alegremente, vino a visitar a su hijo, lo encontró llorando y preguntó a su mujer la causa. Ella le respondió que por no poder mamar. Su marido le ordenó que le diese el pecho, mas ella le hizo ver la prohibición del Bien, por ser la leche de su parte.

Cuando esto escuchó el Mal, dijo al Bien, riendo y entre bromas, que hiciese dar leche a su hijo. Respondió el Bien que la leche era de su parte y que no accedería. Como su contrario le rogaba tanto, el Bien, al verlo tan apremiado, le dijo:

–Amigo, no creáis que yo ignoraba qué partes escogíais siempre y cuáles me dejabais; mas nunca os pedí nada de las vuestras y viví muy penosamente con lo que me cedíais. Nunca os ablandasteis y si ahora Dios os ha puesto en aprieto y necesitáis de lo mío, no os maravilléis de que os lo niegue; recordad el pasado y soportad esto por lo otro.

Al comprender el Mal la verdad que decía el Bien y que su hijo moriría, se afligió mucho y empezó a rogar encarecidamente al Bien que, por amor a Dios, se apiadase de la criatura, sin reparar en las maldades del progenitor, por lo cual le obedecería siempre.

El Bien, al oír esto, pensó que Dios le hacía gran merced en darle oportunidad a su contrario de darse cuenta de que nunca progresaría sin él. Como esto le pareció posibilidad de enmienda, le dijo al Mal que si deseaba que la mujer diese pecho a la criatura, le tomase él acuestas y recorriera la ciudad diciendo, de modo que todos le escucharan: «Sabed, amigo, que el Bien vence con bien al Mal». Hecho esto, prosiguió, le permitiría a la mujer que diese de mamar al niño. Todo ello agradó mucho al Mal y pensó que la vida del hijo había resultado de poco precio y, a su vez, el Bien creyó que su contrario se enmendaría. Así se hizo y todos supieron que siempre el Bien vence con bien.

Al cuerdo le sucedió de este otro modo con el loco.

Cierto honrado hombre tenía un baño público y el loco se presentaba cuando las personas se estaban bañando y les propinaba tales golpes con los cubos, piedras, palos y cuanto estaba a su alcance, que ya nadie se atrevía a ir al baño del buen hombre, que perdió de ese modo sus rentas.

El dueño, al ver que aquel loco le echaba a perder el negocio del baño, madrugó un día y se metió en el baño antes de que apareciera el orate. Se desnudó y tomó un cubo de agua bien caliente, además de un gran mazo de madera. Cuando se presentó el loco para herir a los que estaban en el baño, se encaminó al sitio establecido, como era su costumbre. El dueño que lo esperaba desnudo, en cuanto lo vio entrar se le fue encima, furiosísimo, y le arrojó el cubo de agua caliente en la cabeza, echó mano al mazo y le dio con él tales golpes por la cabeza y el cuerpo, que el loco pensó sería muerto y que estaba frente a otro trastornado. Huyó dando grandes gritos y al encontrarse con un hombre que le interrogó por su actitud le dijo:

–Guardaos, amigo, que hay otro loco en el baño.

Proceded, vos, señor conde Lucanor, del mismo modo con vuestros vecinos: al que estáis tan relacionado que pensáis ser siempre su amigo, hacedle buenas obras y, aunque os dé algunos enojos, alojadle y socorredle siempre que esté necesitado, mas dándole a entender que lo realizáis por los lazos de amistad que os unen, no por agradecimiento. En cambio, al otro con quien no tenéis tanta relación, no le soportéis nada y dadle a entender que cualquier desmán será castigado como merece. Estad seguro de que los malos amigos más guardan el aprecio por timidez y recelo que por buenos deseos.

El conde consideró que éstos eran muy buenos consejos y los siguió para su beneficio.

Don Juan, aquilatando el valor de estos provechosos relatos, los hizo escribir en este libro y agregó los versos que siguen:

El bien siempre ha de vencer al mal con bien;
soportar al malo ningún provecho es.

Ejemplo XLIV

DE LO QUE SUCEDIÓ A DON PEDRO NÚÑEZ EL LEAL, A DON RUY GÓMEZ CEBALLOS Y A DON GUTIERRE RUIZ DE BLANQUILLO CON EL CONDE DON RODRIGO EL FRANCO

En otra oportunidad hablaba el conde Lucanor con su consejero Patronio, y le decía:

–Patronio, a mí me correspondió tener grandes guerras, de modo que mi patrimonio estuvo en graves peligros. Cuando pasaba por mayores aprietos, algunos a quienes yo crié e hice muchos bienes, me abandonaron y aun se distinguieron en el daño causado a mi persona. Hicieron tales cosas en mi contra que concebí peor esperanza de la que antes tenía de la gente. Por el talento que Dios puso en vos, ruégoos que me aconsejéis sobre esto según vuestro parecer.

–Señor conde –exclamó Patronio–, si los que así se portaron con vos hubieren sido como don Pedro Núñez de Fuente Almexir, don Ruy González de Ceballos y don Gutierre Ruiz de Blanquillo, o hubiesen sabido lo que les sucedió a éstos, no habrían cometido lo que decís.

El conde preguntó como había sido aquello.

–Señor conde –prosiguió Patronio–, el conde don Rodrigo el Franco se casó con una dama, hija de don Gil García de Zagra, la cual resultó excelente esposa, pero su marido le levantó un falso testimonio. Ella, en su dolor pidió a Dios que, si era aquello verdad, lo mostrase milagrosamente y, si por el contrario, era falsedad de su esposo, lo descubriese.

Acabada la oración, por milagro divino, la lepra se apoderó del marido y ella se separó de él. Al poco tiempo de la separación, el rey de Navarra envió sus emisarios para proponerle matrimonio; se casó con ella y la hizo reina de Navarra.

El conde, víctima de la lepra, y viendo que no tenía cura, se encaminó a Tierra Santa para morir allí. A pesar de que él era noble y tenía tantos vasallos, no le acompañaron sino los tres caballeros nombrados. Vivieron en Tierra Santa tanto tiempo que se les acabó lo que trajeron de su país y llegaron a gran pobreza, tanta, que no tenían qué dar de comer a su señor, el conde. Debido a sus grandes necesidades se empleaban dos cada día en la plaza, mientras uno se quedaba con el conde; de lo que ganaban con su trabajo se mantenían su señor y ellos. Cada noche bañaban al conde y le limpiaban las llagas de la lepra.

Sucedió que una noche, lavándole los pies y las piernas, tocó la casualidad de que necesitaran escupir y lo hicieron. Cuando el conde vio que todos lo hacían; pensando que era por asco a sus llagas, comenzó a llorar y a dolerse de las circunstancias.

Para que su señor comprendiera que no se trataba de asco a su enfermedad, ellos bebieron con sus manos aquel líquido lleno de la podredumbre de las pústulas y llagas de la lepra, en grandes cantidades. Pasando así la vida en compañía del conde su señor, permanecieron a su lado hasta que murió.

Como ellos pensaron que sería una verdadera afrenta volver a Castilla sin el conde, vivo o muerto, no quisieron abandonarle. Aunque les recomendaron que le hiciesen cocer y que llevaran sus huesos, ellos respondieron que no consentirían a nadie poner la mano sobre su señor, estuviese muerto o vivo. No toleraron que le cociesen sino que le enterraron para esperar a que la carne se deshiciera. Entonces encerraron los huesos en una arqueta, que transportaban a cuestas.

Así viajaban, viviendo de las limosnas y con su señor sobre los hombros, portando un testimonio escrito de todo lo sucedido. Viniendo así tan pobres, pero afortunados, llegaron a la región de Tolosa y, entrando en una ciudad, se encontraron con una muchedumbre que llevaba a la hoguera a una muy noble dama acusada por un cuñado de adulterio. Anunciaban que si algún caballero no tomaba su causa, la ajusticiarían y por ninguna parte aparecía tal caballero.

Cuando don Pedro Núñez el Leal y afortunado comprendió que por falta de un caballero ajusticiarían a la dama, manifestó a sus compañeros que, de estar seguro de su falta de culpabilidad, la salvaría.

Se dirigió a la señora y averiguó la verdad. Ella dijo que jamás había cometido el yerro que le achacaban, pero que había deseado cometerlo.

Aunque don Pedro Núñez comprendió que, por haber deseado ella lo que no debía, él, como su salvador, no podría evitar la venida de algún daño, como ya había asumido la defensa y estaba al tanto de por qué la acusaban, se decidió a llevar sus intenciones a cabo.

Los acusadores, aunque le achacaron no ser caballero, no pudieron seguir haciéndolo una vez que mostró el documento que traía. Los parientes de la dama se encargaron de proporcionarle caballo y armas. Antes de entrar en el campo de la lid él dijo a los parientes de la señora que, a Dios gracias, él saldría con honra y la dama quedaría a salvo, pero que, en todo caso, no dejaría de ocurrirle a él un daño por aquel mal deseo de la dama.

Empezada la lucha, Dios favoreció a don Pedro Núñez, pues venció y dejó a salvo a la dama; pero perdió un ojo, con lo cual se cumplió lo dicho por él antes de entrar en el campo.

La dama y los parientes regalaron tanto dinero a don Pedro Núñez que los caballeros pudieron conducir los huesos del conde, su señor con menos penalidades que antes.

Cuando al rey de Castilla llegaron las nuevas de cómo aquellos bienaventurados caballeros se acercaban, trayendo los restos de su señor, se contentó mucho y agradeció a Dios la existencia de hombres como ésos en su reino. Les envió a decir que se presentaran con las mismas ropas de camino, y el día de su llegada a Castilla salió a recibirlos a pie, unas cinco leguas más allá de la frontera castellana; les dio tantos bienes que hoy, los de su linaje, son herederos de aquellas mercedes.

El rey y cuantos le acompañaban, por honrar la memoria del conde y por distinguir principalmente a los caballeros, acompañaron los huesos del noble hasta Osuna, donde los enterraron. Una vez sepultados, los caballeros se fueron a sus casas.

El día en que Ruy González llegó a la suya y se sentó a la mesa acompañado por su mujer, ésta, al ver la comida, levantó las manos al cielo y dijo:

–Bendito seas, Señor, que me has permitido ver este día, pues bien sabes Tú que, después de la partida de don Ruy González, son éstos la primera carne que como y el primer vino que bebo.

Le pesó esto a don Ruy González y le preguntó que por qué lo había hecho. Ella respondió que se acordara de que, al partir con el conde, le dijo que nunca volvería sin él y que ella viviese como buena mujer y nunca le faltaría ni el pan ni el agua en su casa. Como esto se lo había dicho él no era justo que desobedeciera su orden, por lo cual nunca comía ni bebió otra cosa que pan y agua.

A su vez, don Pedro Núñez, cuando llegó a su casa y se le reunieron su mujer y parientes, con la mucha alegría de su presencia éstos empezaron a reír. Creyendo don Pedro que se burlaban de él porque tenía un ojo menos, se cubrió la cabeza con el manto y se echó en la cama, muy triste. Cuando la buena de su mujer le vio tan entristecido se apesaró mucho hasta que le arrancó la razón. Como se dijo, creía él que se burlaban del ojo que le faltaba.

Al saberlo la señora, se clavó un ojo con una aguja para reventarlo y dijo a don Pedro que lo hacía para que, al reírse ella, no pensara que era por escarnecerle.

Así benefició Dios a todos esos caballeros por el bien que hicieron.

Pienso, señor conde, que, si los que os dañaron hubiesen sido como esos varones o hubieran tenido noticia del bien que les vino por su acción, no se equivocaran como se equivocaron. Pero vos, aunque recibáis daños de quienes no deberían hacéroslos, no dejéis de realizar el bien, pues aquéllos más se equivocan consigo mismo que con vos. Observad, además, que si algunos tuvieron con vos errados procederes, muchos otros os sirvieron y de mayor provecho os fue lo de los últimos que daño lo cometido por los otros. Nunca penséis que de todos los que ayudáis os vendrá retribución, pero sí os podrá suceder que uno de ellos os devolverá tal servicio que daréis por bien empleado el bien hecho a los otros.

Al conde la pareció este consejo bueno y verdadero.

Comprendiendo don Juan que el cuento era muy provechoso, lo hizo escribir en este libro y escribió los versos que siguen:

Aunque muchos con mal te pagarán,
los buenos tu bondad aplaudirán.

Ejemplo XLV

DE LO QUE SUCEDIÓ A UN HOMBRE QUE SE HIZO AMIGO Y VASALLO DEL DIABLO

Conversaba una vez el conde Lucanor con Patronio, su consejero, de este modo:

–Patronio, un hombre me dice que podría, por medio de agüeros y otras cosas, hacerme saber el porvenir y proporcionarme artimañas con que acrecentaría mucho mi fortuna, pero se me ocurre que en todo esto, indudablemente hay pecado. Por la confianza que en vos tengo, os ruego que me aconsejéis.

–Señor conde –dijo Patronio–, para que hagáis lo más conveniente, me agradaría que supieseis lo ocurrido a un hombre con el diablo.

El conde le preguntó cómo había sido aquello.

–Señor conde –exclamó Patronio–, un hombre que había sido riquísimo llegó a una pobreza tan grande que no tenía ni para comer. Como no hay en el mundo desventura semejante a arruinarse el que fue próspero, aquel hombre, otrora poderoso, y ahora tan disminuido, sufría mucho. Un día en que iba solo por un monte, muy triste y con enormes preocupaciones, se topó con el demonio.

Como el diablo sabe todas las cosas sucedidas, y tenía conocimiento de los pesares de este hombre, le preguntó por qué se veía tan triste. Le respondió el cuitado que nada obtendría con relatarle las razones si él no le podía prestar ayuda en sus tristezas.

El demonio respondió que si él se decidía a obedecerle, mejoraría su estado y, para que verdaderamente se diera cuenta de su poder, le contaría en qué venía pensando y la razón misma de su tristeza. En efecto, le relató todo el hecho y la razón de sus pesares, como si los conociese a la perfección. Le repitió, que si deseaba hacer lo que le ordenara, le sacaría de todo aprieto y le convertiría en el hombre más rico del mundo, pues él era el demonio, y le sobraban poderes para realizarlo.

Cuando el hombre le oyó decir que era el demonio, tomó mucho recelo, pero por el dolor y la falta sufridos, le respondió que, si le enriquecía, haría cuanto le ordenare.

Estad cierto de que el diablo estudia el instante para engañar a los hombres y cuando ve que están en algún aprieto, o en necesidad, o temerosos, o ansiosos por cumplir sus deseos, entonces se les acerca con promesas de alcanzarlo todo: del mismo modo buscó manera para engañar a este hombre cuando lo vio necesitado.

Llegaron a un acuerdo y el hombre se convirtió en su vasallo. Cuando se logró la avenencia, dijo el demonio al hombre que de allí en adelante se dedicase a ladrón, pues nunca encontraría puerta ni casa, por cerradas que estuviesen, que él no se las abriera pronto y por si acaso se viere en aprietos o en prisión, lo llamase presto, diciendo: «Ayudadme, don Martín», y él llegaría rápidamente y le sacaría de cualquier peligro.

Tomados todos los acuerdos, se separaron.

El hombre se dirigió a la casa de un mercader cuando ya era noche –pues los que quieren hacer mal aborrecen la luz– y luego que estuvo en la puerta, el diablo se la abrió, operación que se repitió con las arcas del dinero, de modo que pronto el ladrón se vio enriquecido.

Otro día cometió un robo enorme y después otro, hasta que fue tan rico que ni recordaba las pasadas estrecheces. El desgraciado no contento con haber abandonado de ese modo su miseria, siguió robando más. Tanto lo hizo que le prendieron.

Cuando estuvo en la cárcel, invocó la ayuda de don Martín, el cual llegó con rapidez a librarle de la prisión. Desde que el hombre vio la lealtad de don Martín, empezó a robar como antes, hizo muchas incursiones, de modo que enriqueció todavía más.

Siguiendo sus andanzas, otra vez cayó en prisión y llamó a don Martín, pero éste no se presentó tan velozmente como él quisiera y ya los jueces habían empezado las investigaciones sobre el robo. Así las cosas, se presentó don Martín y el hombre le dijo:

–Ah, don Martín, qué gran susto me disteis. ¿Por qué demorabais tanto?

Le respondió don Martín que estaba en otros apuros y que por eso tardaba tanto; pero le sacó sin demora de la cárcel.

El hombre reincidió en el robo, y a consecuencia de sus muchos hurtos fue nuevamente apresado. Hechas las pesquisas, fue sentenciado. Con la sentencia ya dada, se presentó don Martín y libróle.

Él volvió a robar, confiado en que siempre lo socorrería don Martín. Apresado de nuevo, llamó a su salvador, quien no vino, demorando hasta que fue condenado a muerte. Ya condenado apareció don Martín y, en última instancia, logró sacarle de la prisión, dejándole en libertad.

Volvió a hurtar y volvió a caer en manos de la justicia. Llamó a don Martín, quien no se presentó hasta que estaba listo para ser llevado a la horca. Estando al pie de ella, se presentó don Martín, a quien dijo el ladrón:

–Ah, don Martín, sabed que no era broma En verdad he pasado un gran susto.

Don Martín le manifestó que él le traía quinientos maravedíes en una bolsa, que se los diera al juez y así quedaría libre. Ya el juez había ordenado ahorcarlo, para lo cual no encontraban una cuerda apropiada. Mientras proseguía la búsqueda, el hombre llamó al magistrado y le dio la escarcela con los maravedíes. Cuando el juez se dio cuenta de su contenido, dijo a quienes allí estaban:

–Amigos, ¿dónde se ha visto que faltase cuerda para ahorcar a alguien? En verdad, este hombre no puede ser culpable, Dios no desea que muera y por ello nos falta la soga. Retengámosle hasta mañana, y revisaremos la causa. Si es culpable, aquí queda para recibir mañana justicia.

Todo esto lo hacía el juez para librarle, gracias a los quinientos maravedíes, que creía haber recibido. Habiéndose acordado esto, el magistrado se apartó y abrió la bolsita, pensando encontrar los maravedíes, pero no estaban; en cambio halló una cuerda. Luego, que vio esto, ordenó ahorcar al reo.

Estando ya en la horca, apareció don Martín y el cuitado le pidió auxilio, a lo cual respondió su protector que él siempre socorría a sus amigos hasta llevarlos a ese sitio.

De ese modo, el hombre perdió cuerpo y alma, creyendo y confiando en el demonio. Estad ciertos de que jamás el que se confió en él dejó de tener mal fin. De lo contrario, reparad en los agoreros, en los que predicen la suerte y en los adivinos, en los otros que hacen círculos de magia y encantamientos o cosas por el estilo, y veréis que siempre terminaron mal. Si no me creéis, acordaos de Alvar Núñez y de Garcilaso, que fueron los más confiados en agüeros y cosas parecidas, y veréis su final.

Vos, señor conde Lucanor, si queréis el beneficio de vuestro cuerpo y alma, confiad derechamente en Dios, en quien debéis poner todas vuestras esperanzas, ayudándoos cuanto podáis y así os ayudará Él. No creáis en agüeros ni en otros devaneos, pues estad seguro de que los pecados que más hieren a Dios y los que señalan su mayor desconocimiento y ofensa, son los de confiar en agüeros y cosas parecidas.

Al conde le pareció buen consejo, lo cumplió y le fue muy bien.

Porque don Juan tuvo este ejemplo como muy bueno, lo hizo escribir en el presente libro y escribió los versos que siguen:

El que en Dios no pone toda su esperanza
no conocerá la bienaventuranza.

Ejemplo XLVI

DE LO QUE SUCEDIÓ A UN FILÓSOFO QUE POR CASUALIDAD PASO POR UNA CALLE EN QUE VIVÍAN MALAS MUJERES

En otra oportunidad hablaba el conde Lucanor con Patronio, su consejero, de esta manera:

—Vos sabéis, Patronio, que una de las cosas del mundo que el hombre más debe cuidar es su buen nombre, de modo que ninguno pueda enturbiarlo. Como sé que en esto como en todo, nadie me podría aconsejar mejor que vos, os ruego que me digáis de qué modo podré acrecentar mi honra y sacarla adelante intacta.

Respondió Patronio:

—Señor conde Lucanor, mucho me agrada lo que me decís y para facilitar vuestro deseo me gustaría que supierais lo que sucedió a un gran filósofo que era muy anciano.

El conde le preguntó cómo había sido.

—Señor conde Lucanor —dijo Patronio—, un gran filósofo vivía en una ciudad del reino de Marruecos y tenía una enfermedad: cuando necesitaba desembarazarse de la comida, no lograba hacerlo sino con gran dolor y dificultad, demorando en ello largo rato.

Por esa enfermedad, los médicos le tenían recomendado que en cuanto sintiese deseos, no demorase en realizarlos, porque mientras más tiempo pasara, más se obstaculizaría aquello y le sería más doloroso y dañino para su salud. Como se lo ordenaban sus médicos lo hacía, con buenos resultados.

Sucedió que un día, yendo por una calle de la ciudad en que vivía y donde tenía muchos discípulos, le vinieron deseos de desembarazarse de lo dicho; por cumplir con lo que los médicos le recomendaron, se metió en una calleja.

Resultó que en la calle en que entró, vivían las mujeres públicas que existen en las ciudades para daño de sus almas y de sus cuerpos. El filósofo no tenía idea de que tales mujeres vivían en ese sitio. De acuerdo con su enfermedad, se detuvo en el lugar un largo rato y, al salir, por las apariencias, aunque él ignoraba quiénes residían en los alrededores, todos pensaron que había andado en cosas muy distintas de las que debe hacer un filósofo. Como parece peor y habla la gente mucho más cuando es un alto personaje el que hace lo que no le corresponde, aunque sea sin importancia y, en cambio, no sucede con los que están acostumbrados a hacer cosas peores, por todo esto se habló mucho y se tuvo a mal que el filósofo, tan anciano y honrado, entrara en un lugar tan dañino para el alma, el cuerpo y la honra.

Cuando el filósofo estuvo en su casa, se le acercaron sus discípulos y muy adoloridos empezaron a decirle que qué pecado había sido aquél que tanto lo había mancillado a él y a ellos, haciéndole perder el buen nombre que hasta entonces guardara mejor que nadie.

Al oírles, el filósofo quedó espantado y les preguntó la razón de sus palabras, cuál era el daño cometido, cuándo y en qué lugar; le respondieron ellos que por qué contestaba así cuando ya, para desgracia de todos, no había habitante en la ciudad que no comentara lo hecho por él al entrar en el lupanar donde vivían tales mujeres.

Escuchado esto, el filósofo quedó apesaradísimo y les pidió que no se quejasen tanto, pues de ahí a ocho días les daría respuesta.

Se metió luego en su estudio y escribió un librito muy bueno y provechoso. Entre muchas cosas que se contienen en él se habla de la buenaventura y de la desventura. Como hablando con sus discípulos dice así:

–Hijos, la buenaventura y la desventura sucede que a veces son encontradas cuando se las busca, pero otras veces se las encuentra sin buscarlas. La que se busca y se encuentra es cuando alguien hace algún bien y por él le viene la buena suerte; lo mismo es cuando le viene la desgracia por alguna acción perniciosa. Esta es la ventura buena o mala, hallada y buscada, ya que el hombre trata de que le vengan ese bien o ese mal.

Por otra parte, la hallada y no buscada se produce cuando un hombre, no haciendo nada por encontrarlo, recibe un beneficio o bien le acaece como a alguien que va por algún sitio y encuentra una cosa de valor o algo provechoso que nunca imaginó; asimismo, cuando un hombre, sin pensarlo ni hacer nada por ello, recibe daño o mal tal como si recorriera una calle y otro le descalabrara la cabeza con una piedra que arrojó a un pájaro. En tal caso se trata de desventura hallada sin búsqueda, pues ese hombre jamás hizo nada para que le ocurriese tal cosa. Debéis saber, hijos, que en la ventura hallada y buscada son menester dos condiciones: una, que el hombre se ayude haciendo bien para, a su vez, recibirlo, o causando mal, para tener el mal como recompensa; la otra, que Dios le recompense según las obras buenas o malas que hubiere hecho. Además, en dicha buena o mala ventura, hallada y no buscada, son menester otras dos cosas: la primera, que se preserve el hombre cuanto pueda de hacer mal, ni incurrir en sospechas, ni en cosas que parezcan malas y puedan acarrearle desgracia o mal nombre; la segunda, es pedir merced y rogar a Dios que, pues a Él no le vienen ni desventura ni mala fama, proteja a los demás para que no les suceda nada semejante, ni desgracia como la que me ocurrió a mí el otro día, cuando entré en una calleja para hacer lo que convenía a mi salud, sin deseo de pecar, ni sombra de maldad, sin saber que ahí vivían tales mujeres, por las que yo, sin culpa, quedé infamado.

Vos, señor conde Lucanor, si queréis aumentar y llevar adelante vuestro buen nombre, os conviene hacer tres cosas: en primer término, realizar muy buenas obras para satisfacer a Dios; del mismo modo, en cuanto podáis, para satisfacción de las personas y cuidando vuestra honra y estado; no penséis que vuestra buena fama estará a salvo de perderse si dejáis de hacer buenas acciones, pues muchos hombres realizaron el bien un tiempo y como después no continuaron ese camino, perdieron el bien logrado y al fin quedaron con mal nombre. La segunda de estas cosas, es que pidáis a Dios que os encamine a la realización de tales cosas que acrecentéis vuestra honra y os guardéis de hacer ni decir nada que signifique su pérdida. La tercera y última es que, ni por dicho, ni por apariencias hagáis nada que pueda atraer la sospecha de la gente; así será vuestra fama respetada como se debe. Muchas veces el hombre hace buenas obras, pero por la apariencia, los demás sospechan y se recibe tanto daño como si efectivamente hubiese existido mala intención. Debéis saber que en lo relativo a la fama, tanto aprovecha o daña lo que la gente piensa y dice como lo que es verdad. Pero para Dios y para el alma no dañan ni aprovechan sino las obras que el hombre hace y la intención que en ellas pone.

El conde comprendió que era un buen cuento y rogó a Dios que le permitiese realizar esas obras que salvan el alma y acrecen la honra y la hacienda.

Como don Juan vio que el ejemplo era excelente, lo hizo escribir en este libro y agregó estos versos:

Para que tu alma vaya a la gloria derecha,
haz siempre el bien apartando la sospecha.

Ejemplo XLVII

DE LO QUE SUCEDIÓ A UN MORO CON UNA HERMANA SUYA QUE DECÍA SER MUY TÍMIDA

Conversaba un día el conde Lucanor con Patronio, su consejero, de este modo:

–Sabéis, Patronio, que yo tengo un hermano mayor y ambos somos hijos de los mismos padres. Por el hecho de tener más años que yo, pienso que he de respetarle como a un padre y obedecerle. Tiene él fama de excelente cristiano y hombre muy atinado, pero Dios dispuso las cosas así: soy mucho más rico y poderoso que él, y aunque no lo da a entender, estoy seguro de que tiene envidia por ello. Cada vez que necesito su ayuda o deseo que haga algo por mí, me da a entender que no lo cumple, porque sería pecado y me llega a negar su auxilio con enojo. Mas, cuando él requiere mi ayuda, me hace ver que, aunque el mundo se perdiera, debo dejar de aventurar mi vida y lo que tengo por beneficiarle. Como me suceden con él estas cosas, os ruego que me aconsejéis lo que os parezca debo hacer para mejor.

–Señor conde –respondió Patronio–, me parece que el modo que usa vuestro hermano con vos se parece mucho a lo que pasó a un moro con su hermana.

El conde quedó muy intrigado por ese relato.

–Señor conde Lucanor –prosiguió Patronio–, un moro tenía una hermana tan acostumbrada a los aspavientos que de todo lo que miraba o le hacían, daba a entender su recelo y espanto. Tanto se había acostumbrado a esto, que al beber el agua en unas tazuelas que utilizaban los moros, en las cuales el líquido hace un ruido especial, daba a entender que con el miedo iba a desmayarse.

Su hermano era excelente joven, pero pobrísimo. Como la miseria hace que el hombre haga lo que no querría, él no podía librarse de vivir muy vergonzosamente: cada vez que alguien moría, se le acercaba por la noche y le quitaba la mortaja y las prendas con que le enterraran; de esto se mantenían su hermana y él, sabiéndolo ella.

Sucedió que dejó de existir un hombre muy adinerado y le enterraron con ricos trajes y otros objetos de gran valor. Al saberlo, la hermana le dijo al joven que le acompañaría esa noche para traer todo aquello con que habían enterrado al hombre.

Al venir la noche, fueron ambos a la sepultura, abriéronla, y cuando desearon sacar aquellos valiosos vestidos vieron que no lo lograrían sin destrozarlos o quebrarle la cerviz al cadáver.

Al ver la hermana que si no descalabraban el cuello del muerto habrían de destrozar los riquísimos géneros y éstos perderían su buen precio, tomó con sus manos muy despiadadamente la cabeza del cadáver, la descoyuntó y retiró cómodamente los paños que vestía. Se apoderaron de todo lo que valía la pena y se lo llevaron consigo.

Al día siguiente, cuando se sentaron a comer, la tazuela empezó a sonar en el momento de beber agua y la dama daba muestras de que quería desmayarse de miedo por aquel ruido. Al ver aquello, el hermano recordó cómo, sin temor ni compasión había descoyuntado el cadáver la noche anterior, y le dijo en árabe: Aha yä ukhti, tafza' min baqbaqu wa lä tafta' min fatq' unqu, lo que significa: «¡Ah, hermana, os espantáis de este ruido y no os espantabais del descoyuntamiento del cuello!»

Proverbio el cual es muy citado actualmente entre los moros.

Vos, señor conde Lucanor, si veis que vuestro hermano mayor se excusa del modo que relatabais en lo que a vos cumple, dando a entender que es gran pecado lo que deseáis que haga por vos –no siéndolo, en verdad–, mientras acepta como correcto y pide que realicéis por él lo que se le antoja, aunque constituya mayor pecado y gran daño para vos; si veis todo eso, comprended que es de la misma manera como a la mora le asustaba el ruido de la tazuela y no le espantaba descoyuntar la cabeza de un muerto. Si él quiere que hagáis lo mismo que él por vos, decidle amablemente y mostradle buena voluntad, aumentándole su provecho sin causaros vos mismo un daño; pero, en lo que os fuere francamente perjudicial, alejadlo del modo más cortés y de uno u otro modo, precaveos de realizar vuestro propio perjuicio.

El conde consideró éste un buen consejo y lo siguió para su bien.

Considerando don Juan que el cuento era digno de conocerse, lo escribió en el presente libro, con estos versos:

Porque uno se opone a lo que debes hacer,
no quieras con tu alma su fortuna perder.

Ejemplo XLVIII

**DE LO QUE SUCEDIÓ A UN HOMBRE QUE PROBABA A
SUS AMIGOS**

En otra ocasión hablaba el conde Lucanor con su consejero Patronio de esta manera:

–Patronio, muchos de mis amigos me dan a entender que ni por miedo de morir o de perder sus bienes dejarían de cumplir lo que me conviene y me afirman que por nada del mundo se separarían de mí. Por vuestro talento, os pido consejo para saber si efectivamente ellos harían por mí lo que prometen.

–Señor conde Lucanor –respondió Patronio–, la mejor cosa del mundo son los buenos amigos, pero estad seguro de que cuando el hombre se ve en gran aprieto encuentra muchos menos de cuantos pensaba, fuera de que, si el apuro no es grande, resulta difícil determinar quién sería verdadero amigo en la cuita mayor. En todo caso, para que conozcáis al que es verdadero, me agradaría que supieseis lo sucedido a un buen hombre con un hijo que se ufanaba de tener muchos amigos.

El conde le preguntó interesado por este suceso.

–Señor conde Lucanor –prosiguió Patronio–, un honrado ciudadano tenía un hijo, y entre las cosas que le pedía y aconsejaba, le decía siempre que tratase de reunir un gran grupo de buenos amigos. El joven le obedeció y empezó a acompañarse y a repartir su patrimonio con muchos hombres con tal de tenerles por amigos. Ellos le aseguraban ser sus parciales y que harían por él cuanto fuese necesario y hasta arriesgarían sus vidas y haciendas por apoyarle, cuando fuese oportunidad. Un día, estando aquel joven con su padre, le preguntó éste si había cumplido lo que le ordenara y si había conquistado muchos amigos. El joven respondió afirmativamente y sostuvo que, sobre todos, había un grupo de unos diez de los cuales estaba muy seguro: ni por temor a la muerte ni recelo le desampararían en caso alguno.

Cuando su padre le escuchó, le dijo que se maravillaba mucho de que en tan corto tiempo hubiese adquirido tales amigos, ya que él, siendo tan anciano, jamás en su vida logró tener más de amigo y medio.

El joven empezó a porfiar, asegurando que era cierto lo que le decía de sus amigos, por lo cual su padre, al verle obstinado, le pidió los probase del siguiente modo: Le dijo que matara un cerdo, lo metiese en un saco y se fuese a casa de cada uno de sus amigos y les manifestase que se trataba de un hombre muerto por él, por todo lo cual estaba seguro de que no habría cosa del mundo capaz de librarle ni a él ni a los encubridores, en caso de conocerse el crimen. Dijo, además, el anciano, que les pidiese, pues eran sus amigos que ocultasen el cadáver y, en caso necesario, tomaran su defensa. El joven lo hizo así y fue a probar a sus amigos, según lo ordenara su padre. Cuando fue llegando a casa de ellos y les relató lo sucedido, según las instrucciones de su padre, todos le aseguraron que en otras cosas le auxiliarían, pero en esto, peligroso para sus vidas y haciendas, no se atrevían. Todavía más, que, por amor a Dios, cuidase de que nadie supiera de esas visitas a sus casas. Otros le dijeron no atreverse a auxiliarle de otro modo que rogando por él y, algunos, que cuando le llevaran a ajusticiar no le desampararían hasta el momento de su muerte y que después le enterrarían con mucha pompa.

Una vez que el joven hubo probado así a sus amigos y en ninguno encontró el esperado apoyo, volvió a su padre y se lo relató todo. Al verle venir, el anciano le hizo presente que mucho más saben los que han visto y probado muchas cosas que quienes nunca pasaron por ellas. Le recordó que, con sus años, no tenía más que amigo y medio, a los que debía probar a continuación.

El mancebo fue a probar primeramente al que su padre consideraba medio amigo. Llegó a su casa de noche, llevando el cerdo muerto y a cuestas y llamó a la puerta de ese medio amigo de su padre, al que contó la desgracia ocurrida y la respuesta de todos sus amigos. Le rogó que le ayudara en tal aprieto por el aprecio que sentía hacia su padre.

Al oír aquello, el medio amigo del anciano le expresó que no tenía con él trato ni amistad mayores, pero que ocultaría todo por el afecto que hacia su amigo sentía. Tomó el saco con el cerdo muerto, creyendo que era un hombre asesinado, le condujo a su huerta y le enterró en un espacio plantado con coles. Devolvió las coles a su sitio y deseó buena suerte al joven.

Cuando regresó a su padre, le contó el mancebo lo sucedido con el medio amigo. El anciano le ordenó que, otro día, cuando estuviese conversando con ese su medio amigo, empezase a discutir con él y le propinara en el rostro el mayor puñetazo de que fuese capaz.

Hizo el joven lo ordenado por su padre, y cuando le dio la puñada, el buen hombre se limitó a mirarle y a decirle:

—Verdaderamente hijo, hicisteis mal, mas ni por esto ni por mayor afrenta descubriré las coles del huerto.

Al relatar el joven a su padre lo sucedido, el anciano le ordenó que ahora probase a su amigo entero y cabal. El hijo accedió.

Una vez que llegó a la casa de ese amigo de su padre y que le hubo contado los hechos, el hombre respondió que le preservaría de muerte y daño.

Tocó la casualidad de que por esos días habían asesinado a un hombre en la ciudad y no podían descubrir al criminal. Cuando algunos vieron al joven andar con aquel saco a cuestas, pensaron que él era el asesino.

¿Para qué continuar? El joven fue condenado a muerte a pesar de que el amigo de su padre hizo cuanto pudo por librarle. Una vez que comprendió que de modo alguno lo libraría de la muerte, manifestó a los jueces que no quería participar en el error de esa sentencia, porque no fue ese joven el asesino, sino su propio hijo. Ordenó a su único descendiente que lo reconociera así y éste accedió. Le ajusticiaron y, en cambio, se libró el hijo del buen hombre que tenía tan excelente amigo.

Os he relatado, señor conde, cómo se prueban los amigos y pienso que el cuento es bueno para aprender a distinguir los buenos amigos y para tener idea de que se deben probar antes de incurrir por ellos en peligro; debe saberse, además, qué se puede esperar de ellos, pues estad cierto de que algunos son buenos amigos, pero muchos, por desgracia los más, son excelentes en los momentos afortunados y lo son de acuerdo con los favores de la suerte.

Además, este cuento se puede entender espiritualmente de este modo: todos los seres piensan tener amigos, y en el momento de la muerte los prueban en tamaña cuita; se acercan a los seglares y éstos les responden que bastante tienen con sus propios problemas; van, después, a los religiosos y éstos contestan que los encomendarán a Dios; las esposas y los hijos afirman que les acompañaran hasta la fosa y que les darán lujoso enterramiento. De ese modo prueban a todos los que creían sus amigos. Desde el instante en que no encuentran apoyo alguno en los humanos, para escapar de la muerte, así como volvió el hijo del buen hombre a su padre —después de que en ninguno de los que creía amigos encontró apoyo—, vuelven a Dios, que es verdaderamente paternal. Dios le dice que prueben a los santos, en verdad medio amigos, y ellos obedecen. Tan grande es la bondad de los santos y, sobre todo, de la Virgen, que no dejan de rogar a Dios por los pecadores. La Virgen recuerda a Cristo que es su madre y cuánto le costó tenerle y criarle; los santos le citan las penalidades, tormentos y dolores recibidos por Él, todo lo cual hacen para disminuir los yerros de los pecadores. Y aunque hayan recibido muchas ofensas de ellos, no las recuerdan, así como no le importó al medio amigo el puñetazo que le propinó el hijo de su conocido.

Desde el instante que el pecador se da cuenta de que por ningún camino puede evitar la muerte del alma, vuélvese a Dios, así como volvió al padre el hijo que no encontró quien lo librara de muerte. Nuestro Señor, como padre y amigo verdadero, acordándose del amor que tiene al hombre, su criatura, actuó como el buen amigo, pues envió a su hijo a morir, a pesar de no tener culpa ni pecado, para deshacer con su sacrificio lo que los hombres merecían sufrir. Cristo, como buen hijo, fue obediente a su padre y, siendo Dios y hombre verdadero, quiso recibir y recibió la muerte para redención de los pecadores con su sangre.

Ahora, señor conde, reparad en quiénes son amigos mejores y verdaderos y por cuáles debería uno esforzarse para lograr su afecto.

Al conde le agradaron estas palabras y las consideró excelentes.

Comprendiendo don Juan que el cuento era excelente, lo hizo escribir en este libro y agregó los siguientes versos:

Nunca nadie podrá tan noble amigo encontrar
cual Cristo, que con su sangre nos quiso salvar.

Ejemplo XLIX

DE LO QUE SUCEDIÓ AL QUE ECHARON DESNUDO EN UNA ISLA CUANDO TERMINÓ SU MANDATO

Conversando en una oportunidad el conde Lucanor con su consejero Patronio, le decía:

–Patronio, muchos me dicen que, pues soy tan noble y poderoso, haga cuanto pueda por acrecentar riqueza, poderío y fama, pues es lo que más me conviene y cumple. Como sé que siempre me aconsejáis del mejor modo y espero lo sigáis haciendo, os ruego me indiquéis lo que os parezca en este caso.

–Señor conde Lucanor –exclamó Patronio–, el consejo que me pedís ahora es difícil de dar por dos motivos: primero, porque en él tendré que contradecir vuestros deseos; después porque es delicado el consejo que va en contra de un aparente beneficio del señor. Aunque en este caso me enfrento con tales dificultades y me será bastante delicado aconsejaros, no me quedaré sin hacerlo, sobre todo considerando que el consejero leal debe decir lo que le corresponde, sin mirar ni su beneficio ni su daño, ni el agrado o desagrado del señor, sino solamente lo que vea como mejor. Por ello, os afirmo que quienes os dijeron aquello, en parte os aconsejaban bien, pero esa recomendación no es buena ni conveniente para vos. Para mejor, me agradaría mucho que supierais lo que sucedió a un hombre a quien hicieron señor de un gran territorio.

El conde le pidió que se lo relatara.

–Señor conde Lucanor –prosiguió Patronio–, en un país tenían la costumbre de elegir cada año un señor y mientras ese periodo duraba, le obedecían en todo. Pero, concluido el año, le quitaban cuanto tenía, le desnudaban y le dejaban en una isla completamente abandonado.

Una vez asumió el señorío un hombre más avisado y listo que sus antecesores. Como sabía que, pasado el año, le harían lo que a los otros, antes de concluir el período de su mandato, ordenó construir en aquella isla donde a la postre lo echarían, una mansión excelente, en la cual puso cuanto se puede necesitar. La edificó en sitio tan escondido, que jamás lo supieron sus electores.

Dejó, además, advertidos a algunos amigos que, si por si acaso tuviera necesidad de algunas cosas que ahora olvidaba, ellos se las hicieran llegar de modo que no sufriese falta alguna.

Cuando se cumplió el año y le arrebataron el señorío para echarle desnudo en la isla, como lo habían hecho con tantos otros, él se fue tranquilamente, porque se había preparado para ello y había construido una morada tal que podría llevar una existencia regalada y placentera. Por todo lo cual vivió tranquilamente.

Vos, señor conde Lucanor, si queréis recibir buen consejo, recordad que durante vuestra vida en este mundo (pues estáis seguro de que habréis de dejarlo y partiréis de él desnudo, no llevándoos sino las obras realizadas), debéis hacer tales acciones que, en el momento de la muerte, ya tengáis buena residencia para toda la vida. Recordad que la vida del alma no se cuenta por años, sino que dura eternamente: el alma es cosa espiritual que no puede corromperse, pues permanece para siempre. Sabed que las buenas o malas obras que hace el hombre en este mundo son consideradas por Dios y según ellas es el premio o castigo en la otra vida.

Por todas estas razones, os aconsejo que realicéis tales acciones aquí en la tierra que, en el momento de abandonarla, tengáis buen sitio allí donde viviréis para siempre. No queráis perder, por los honores mundanos, falsos y perecederos, lo que es única verdad y nunca ha de terminar. Estas buenas acciones realizadas sin ostentación ni vanagloria ya que, aunque se conozcan, siempre serán encubiertas, pues no las cometéis por vanidad. Además, procurad dejar en la tierra amigos que hagan por vuestra alma aquello de que ya estaréis impedido.

Cumplidas estas advertencias, todo lo que os esforcéis por aumentar honra y riqueza está bien y es justo que lo realicéis.

Al conde le pareció un cuento y un consejo muy buenos y pidió a Dios que le permitiese seguir las indicaciones de Patronio.

Complacido don Juan del relato, lo hizo escribir en este libro y escribió los siguientes versos:

Por este mundo perecedero,
no abandones el que es verdadero.

Ejemplo L

DE LO QUE SUCEDIÓ A SALADINO CON UNA DAMA, MUJER DE UN VASALLO SUYO

Un día hablaba el conde Lucanor con Patronio, su consejero, de este modo:

–Bien se, Patronio, que sois de tal entendimiento que nadie en esta tierra podría aventajaros en la sabiduría de vuestras respuestas, por lo cual os pido me señaléis la mejor cualidad que el hombre puede tener. Os pregunto esto porque me doy cuenta de que el hombre necesita muchas cosas para elegir lo mejor y más debido, pues no por saber que debe hacerse y después no llevarlo a cabo aumenta nadie su patrimonio. Como son tantas las cosas que se necesitan para actuar bien, me gustaría por lo menos retener una para recordarla siempre.

–Señor conde Lucanor –replicó Patronio–, sois generoso en alabarme tanto y particularmente en afirmar mi talento. Yo creo que os engañáis en ello; creedme que en el mundo nada hay en que se equivoque tanto el hombre como en conocer a sus semejantes y apreciar su talento. Estas son dos cosas distintas: una, conocer al hombre en sí; la otra, ver qué inteligencia posee. Para saberse qué clase de hombre es, deberá atenderse a las obras que hace a Dios y al mundo, pues muchos parecen bienhechores y no lo son, ya que sus aspiraciones son terrenales. Ese tipo de bondad les costará carísima y por bien que dura un día sufrirán eternamente. Otros cometen buenas obras para ofrecerlas a Dios, sin importarles este mundo, y aunque escogen la mejor parte y la que nunca les será quitada ni podrán perder, ni unos ni otros miran los dos caminos que se deben tener en cuenta: el de Dios y el del mundo. Para lograr esto, es necesario acumular obras buenas y tener talento, lo que resulta tan difícil como meter la mano en el fuego y no sentir su calor. Mas, ayudando Dios y ayudándose el hombre mismo, todo se puede hacer; ha habido muchos reyes buenos y hombres santos que fueron excelentes para el servicio de Dios y para el de este mundo. Por otra parte, para saber quién es de talento son necesarias numerosas referencias, pues muchos dicen hermosas palabras, llenas de profundidad, pero no actúan como les corresponde. Otros conducen muy bien sus hechos y no saben, o no quieren, o no pueden decir tres palabras a derechas. Otros hablan y actúan muy bien, pero tienen malas intenciones y, aunque obran bien para ellos, lo hacen mal tratándose de las demás personas. De éstos nos hablan las Sagradas Escrituras, diciendo que son como loco con espada en la mano, o como mal príncipe dueño de gran poder.

Mas, para que vos y todos los restantes hombres podáis conocer cuál es bueno para Dios y para el mundo, cuál es de talento y cuál de fácil palabra, o de buena intención, para escogerlo sin peligro, conviene que a nadie juzguéis sino por sus actuaciones a través de largo tiempo, no por poco, y por la observación de cómo mejora o empeora su patrimonio, pues en estos dos aspectos se puede apreciar lo anteriormente indicado.

Todo esto os lo he dicho porque alabasteis mucho mi persona y mi talento, pues estoy seguro de que si observaseis bien, no loaríais tanto mi persona. A vuestra pregunta de cuál es la mejor condición que el hombre puede poseer querría responder –para estar en lo cierto– con el relato de lo que sucedió a Saladino con una excelente dama, esposa de un caballero, su vasallo.

El conde se interesó mucho por el cuento.

–Señor conde Lucanor –prosiguió Patronio–, Saladino era un sultán oriental que se hacía acompañar siempre por un gran séquito. En una oportunidad, debido a que no todos podían alojar con él en determinado sitio, fue a pasar la noche en casa de un caballero.

Cuando el caballero vio a tan noble señor en su casa, le sirvió y honró cuanto pudo, con su mujer, hijas e hijos. El demonio, que siempre impulsa al hombre a lo más indebido, hizo que Saladino se olvidara de su condición y empezara a amar apasionadamente a la dama.

Tan grande fue ese amor, que pidió a un mal consejero que le mostrase el camino para satisfacer sus deseos. Debéis saber, señor conde, que todos deberíamos rogar a Dios que preserve a nuestro señor de cometer mala acción, pues si el señor lo desea, estad seguro de que nunca faltará quien le de consejo o le ayude en la realización.

Así sucedió a Saladino, que pronto halló consejero para lo que deseaba. El mezquino le recomendó que llamase al marido y lo honrara mucho, confiándole un grueso destacamento militar; de ahí a unos días que le enviase a muy lejano sitio. Cuando se encontrare allí, entonces podría cumplir sus descoso

Le agradó esto a Saladino y lo puso en práctica. Cuando el caballero se fue a servirle pensando que era muy afortunado y disfrutaba de la amistad de su señor, Saladino se dirigió a casa de ella. Al saber la dama que quien tanto había causado a su esposo venía a visitar la casa, le recibió muy bien y le sirvió con su familia del mejor modo posible. Cuando se hubo levantado la mesa y Saladino entró en la cámara en que se alojaba, envió por la dama; ella, pensando que era por otra cosa, fue a verle. Saladino le declaró, entonces, que la amaba mucho. Ella, al oírlo, aunque había entendido perfectamente, simuló no comprender esas palabras y le respondió que se lo agradecía y que ojalá Dios le diese larga vida; bien sabía Él como le deseaba una fructífera existencia, debido a lo cual rogaría siempre por su ventura, no sólo por tratarse de su señor, sino por las mercedes que le hacía a su marido y a ella.

Saladino le respondió que, fuera de todo aquello, la amaba más que a ninguna mujer del mundo. Ella le seguía dando las gracias y simulaba no entender mucho. ¿Para qué me extiendo? Saladino le repitió su amor y cuando la dama –buena y de talento– le escuchó, dio a Saladino esta contestación:

–Señor, aunque soy una mujer sin importancia, bien se que el amor no está en poder del hombre, por el contrario, el hombre está en poder del amor. Sé, asimismo, que puede ser verdad que me améis tanto como decís, pero, del mismo modo como sé esto, estoy segura de otra cosa: cuando los hombres y, principalmente los señores, sentís agrado por alguna mujer, prometéis hacer por ella cuanto deseare. Pero una vez que ella se entrega y se escarnece, la apreciáis poco, como es justo, y queda ella mal. Yo, señor recelo que me ocurriría lo mismo.

Saladino se lo empezó a negar, prometiéndole hacer lo que ella deseare para que resultara más honrada. Cuando hubo dicho todo esto, le respondió la noble dama que si él, en vez de violentada, le prometía cumplir lo que ella le iba a solicitar, tuviese la seguridad de que le daría gusto en todo.

Saladino respondió que temía le pidiese no hablar más de aquello, pero la mujer respondió que no le solicitaría eso ni cosa alguna que él no pudiera realizar con facilidad. El señor, entonces le prometió lo que ella solicitaba y la dama le besó las manos y los pies, manifestándole que deseaba le indicara cuál era la mejor condición que el hombre puede tener en sí, aquélla que es madre y cabeza de todas las bondades.

Cuando el sultán escuchó esto, empezó a pensar con mucho ahínco y no encontró qué responder. Como le había prometido no forzarla ni escarnecerla hasta cumplir lo solicitado, le dijo que deseaba meditar sobre esto. Ella le aseguró que, en el momento en que le diese la contestación, ella cumpliría sus órdenes.

El pleito quedó así, y Saladino regresó a su corte. Como si estuviera interesado en otras cosas, consultó a todos sus sabios sobre la pregunta. Unos le respondieron que lo mejor que puede poseer un hombre es la bondad. Otros consideraban esto odioso para la otra vida, pues en este mundo no basta la bondad. Algunos pensaron como mejor cualidad ser muy leal, lo que otros rebatían afirmando que, aunque la lealtad es algo excelente, se puede ser leal y a la vez cobarde o tacaño, o libidinoso, por lo que se necesitaba algo más que lealtad. De este modo, discutieron sobre variadas virtudes sin acertar con la respuesta buscada por Saladino.

Al ver el sultán que no encontraba en todo su dominio quien le diera una respuesta satisfactoria, buscó los servicios de dos juglares y se fue a recorrer el mundo confundido con ellos. Atravesó el mar de incógnito y se encaminó a la corte papal, lugar de reunión de toda la cristiandad. Repitiendo la pregunta citada, nunca encontró quien le diera contestación satisfactoria. De allí se encaminó a la corte del rey de Francia y a las de otros reyes, sin obtener lo buscado. Ocupó tanto tiempo en esto que ya se sentía arrepentido de su preocupación.

En realidad, por la dama no habría hecho tanto, pero como era un hombre cabal, le parecía afrentoso no terminar lo iniciado. Pues, sin duda, gran error comete el noble que abandona lo que comenzó, a no ser que se trate de algo malo o pecaminoso; si se deja lo iniciado por miedo, o porque significará mucho esfuerzo ponerle fin, no podrá escapar de afrenta, por todo lo cual Saladino no quería dejar de saber aquello por que abandonara sus dominios.

Sucedió que un día, caminando con sus dos juglares, se encontró con un escudero que venía de caza y había muerto un ciervo. Hacía poco que el escudero estaba casado y su padre era un anciano otrora el mejor caballero de la región. Por la mucha vejez, había enceguecido y no podía abandonar su casa; a pesar de ello tenía tan buena la cabeza y tan acertados eran sus juicios, que ningún daño le habían causado, en ese sentido los años. El escudero, que regresaba de su excursión muy alegre, les preguntó quiénes eran y de donde venían. Le respondieron que eran juglares. Al saberlo, se mostró el joven muy contento, les relató que regresaba complacido de su caza y les dijo que su alegría sería más completa si ellos, buenos juglares, le acompañaban esa noche. Le respondieron que iban muy de prisa, pues hacía mucho que habían salido de sus tierras para encontrar la contestación de una pregunta que aún no solucionaban. Su deseo, pues, era regresar, por lo cual no podrían ir con él esa noche.

Tanto les inquirió el escudero, hasta que tuvieron que contárselo todo. Cuando él los hubo escuchado, les aseguró que si su padre no les satisfacía, nadie en el mundo podría hacerlo. Y les contó quien era el anciano.

Al oír esto Saladino –a quien el escudero creía en verdad un juglar–, se alegró mucho y todos acompañaron al joven.

Llegados a la mansión de su padre, el escudero le contó que venía contentísimo de su caza y con mayor felicidad, pues traía consigo a esos juglares. Le relató al anciano lo que buscaban y le pidió por favor que les diese su parecer, pues él les había asegurado que la solución, si no la daba su padre, nadie en el mundo la encontraría.

Cuando el anciano varón escuchó esto, comprendió que quien hacía tal pregunta no era un juglar y manifestó a su hijo que, después de la comida, daría la solución al problema que les inquietaba.

El escudero lo transmitió a Saladino, al que consideraba juglar, con lo que le dio gran alegría; al sultán se le hacía larguísimo el tiempo que tenía que esperar hasta después de la comida.

Una vez levantados los manteles, y cuando los juglares cumplieron con su actuación, el caballero les dijo que el joven ya le había comunicado la pregunta y el hecho de no encontrar ellos quien se la respondiese. Pidió le expusieran el problema y prometió dar su parecer.

Entonces Saladino, que vestía de juglar, le dijo que buscaba saber cuál era la mejor condición que el hombre puede tener, y que pudiese considerarse madre y principio de todas las virtudes.

El anciano comprendió muy bien la pregunta y, además, conoció por la voz a Saladino, en cuyo palacio había vivido largo tiempo, recibiendo de él muchas mercedes.

—Amigo —díjole—, lo primero que os respondo es que hasta hoy nunca entraron en mi casa tales juglares. Hablando en derecho, debo recordar siempre cuánto recibí de vos, pero de esto no os diré nada hasta que converse con vos reservadamente, para que nadie se imponga de vuestros hechos. Como respuesta a vuestra pregunta, os aseguro que la mejor disposición que el hombre puede tener, aquélla que es origen y principio de todas las bondades, es la vergüenza; por vergüenza se soporta la muerte, el más grave suceso para el hombre y por vergüenza deja el ser humano de hacer aquello que no le parece bien, por mucho que lo desee. De tal modo, en la vergüenza tienen comienzo y fin todas las bondades y la desvergüenza es la consecuencia de los hechos censurables.

Cuando Saladino escuchó esto, comprendió que era verdad lo que afirmaba el anciano. Entendiendo que tenía la solución buscada, se alegró enormemente y empezó a despedirse del caballero y de su hijo, cuyos huéspedes habían sido. Antes de abandonar la casa, le habló nuevamente el anciano y le dijo que sabía que era Saladino, repitiéndole cuántas mercedes le debía. El anciano y su hijo le atendieron todavía del mejor modo, pero de manera que no se supiera quién era.

Terminado todo esto, Saladino se preparó para volver a su tierra con la mayor celeridad. Llegado a ella, todos se alegraron mucho al verle y celebraron grandes fiestas en su honor. Terminados los festejos, Saladino se encaminó a casa de la dama autora de la famosa pregunta. Al saber ella que Saladino venía a verla, le recibió y le atendió del mejor modo. Cuando hubieron comido y entró él en la pieza en que comúnmente se alojaba, envió por la dama, que se presentó al instante. Saladino le relató cuánto se había esforzado por encontrar la verdadera respuesta a la pregunta que le hiciera y que ya tenía en su poder. Como ya podía responderle, le dijo que cumpliese ella lo prometido.

Ella le respondió que por favor respetase lo acordado y que le comunicase antes la esperada respuesta; si ésta fuese tal que él mismo la entendiera como justa, ella, con todo agrado, cumpliría lo prometido.

Saladino le respondió que le parecía bien y le dio la respuesta: la mejor condición que el hombre puede tener es la vergüenza, origen y principio de todas las bondades.

Cuando la noble dama oyó esto, se alegró y le dijo:

–Señor, ahora me doy cuenta de que decís la verdad y que habéis cumplido cuanto prometisteis. Os pido como merced que me digáis, como rey, la siguiente verdad: si hay en el mundo hombre mejor que vos.

Respondióle Saladino que, aunque le daba vergüenza confiárselo, si como rey debía decir la verdad, pensaba efectivamente que él era superior a los otros y que no había nadie mejor que él.

Al oír ella tal afirmación, dejóse caer a tierra a sus pies y le dijo, llorando desconsoladamente:

–Señor, habéis dicho dos grandes verdades: una que sois el mejor hombre del mundo y, la otra, que la vergüenza es lo mejor que puede sentir el hombre. Pues vos sabéis esto y sois el mejor hombre del mundo, os pido por merced que queráis sentir lo que también es mejor, la vergüenza, y os avergoncéis de vuestros deseos.

Una vez que Saladino hubo escuchado estas notables palabras, comprendió que esa buena mujer, con su virtud y talento, le supo apartar de un enorme yerro, lo que agradeció a Dios. Aunque antes había puesto en ella loco amor, de ahí en lo sucesivo la quiso leal y verdaderamente, único modo de cariño que el buen señor debe tener a sus súbditos. Principalmente, por la bondad de ella, hizo regresar al marido y les favoreció tanto que en adelante ellos y los de su linaje vivieron muy honradamente.

Este bien vino por la excelencia de aquella buena mujer y porque ella trató de que se supiera que el mejor sentimiento del hombre es la vergüenza, comienzo y principio de todas las bondades.

Pues vos, señor conde, me preguntabais cuál es la mejor condición del hombre, os repito que es la vergüenza, pues ella le hace ser esforzado, generoso, leal, mesurado y de sanas costumbres, y le permite todos los bienes, pues creed que todo esto lo cumple más por vergüenza que por deseos de realizarlo. Además, el ser humano, por vergüenza, deja de cometer los desaguisados que a veces entorpecen su voluntad. Por ello, así como es óptima la vergüenza para impedir la realización de lo no debido y permitir lo correcto, es abominable y dañoso perderla. Debéis saber, del mismo modo, que se equivoca grandemente el que comete algo vergonzoso y cree que, por hacerlo ocultamente, dejará de salir a la luz; estad cierto de que nada hay, por escondido que parezca, que tarde o temprano no se sepa y aunque la afrenta no sea inmediata al hecho, se debe considerar que vendrá en cuanto éste se conozca. Aun no sintiendo vergüenza por esto último, débese experimentar ante uno mismo, pues se da cuenta cuando la acción no es buena. Aun cuando en nada de esto pensara, al hacer tal maldad, debe entender cuán desgraciado es, pues sabe que, hasta un muchacho que viese su acción, le dejaría avergonzado, y él no teme a Dios, que le ve y lo sabe todo y dará por ello la pena que merezca.

Os he respondido vuestra pregunta y con ella cincuenta más. Tanto ha demorado esto, que estoy seguro de que muchos de vuestros acompañantes están cansados, sobre todo aquéllos que no poseen disposiciones para escuchar ni aprender lo que es útil. Les acaece como a las bestias que van cargadas de oro; sienten el peso que llevan a cuestas y no lo pueden aprovechar. A esas personas no les interesa lo que oyen, ni extraen provecho de lo bueno y beneficioso. Por todo esto y además por el trabajo que me ha costado responder a tantas preguntas, no quiero contestar a otras nuevas y deseo que este ejemplo, y el que le sigue, sean el fin del libro.

El conde vio que este era muy buen cuento. En cuanto a no hacer más preguntas, accedió al deseo de Patronio.

Considerando don Juan muy bueno el relato, lo hizo escribir en este libro y compuso los siguientes versos:

La vergüenza con los males termina
y los hechos del hombre ilumina.

Ejemplo LI

DE LO QUE SUCEDIÓ A UN REY CRISTIANO MUY PODEROSO Y MUY SOBERBIO

En otra oportunidad conversaba el conde Lucanor con su consejero Patronio y le decía lo siguiente:

–Patronio, muchos me aseguran que uno de los modos de ganar a Dios es siendo humilde, mientras otros me dicen que los humildes son menospreciados y tenidos por cobardes y de pequeños ímpetus, por lo cual al gran señor le corresponde ser soberbio. Como sé que ningún hombre sabe mejor que vos los deberes del noble, os ruego que me aconsejéis cuál de estos dos comportamientos es mejor para mi persona.

Respondió Patronio:

–Señor conde Lucanor, para que comprendáis qué es preferible y qué os corresponde hacer, me agradaría grandemente que supieseis lo sucedido a un rey cristiano que era muy poderoso y soberbio.

El conde le pidió que se lo relatara.

–Señor conde –prosiguió Patronio–, en un país de cuyo nombre no me acuerdo, había un joven rey, poderoso y rico, cuya soberbia llegó a tanto que en una oportunidad, escuchando aquel cántico de la Virgen que dice: *Magnificat anima mea dominum*, y el versículo *Et deposuit potentes de sede et exaltaoit humiles*, lo cual significa: Nuestro Señor humilló a los poderosos y exaltó a los humildes, se dolió mucho y ordenó que en todo su reino se anulara ese versículo y se colocara en su lugar este: *Et exaltauit potentes in sede et humiles posuit in terra,* o sea, Nuestro Señor exaltó a los poderosos y derribó a los humildes.

Esto desagradó mucho a Dios, pues era lo contrario de lo sostenido por ese cántico marial, ya que la Virgen, desde que se vio elegida como madre del hijo de Dios, al cual concibió y parió sin detrimento alguno de su virginidad, conociendo, además, que era señora de los cielos y de la tierra, dijo de sí misma, en alabanza de la humildad por sobre todas las virtudes: *Quia respexit humilitaten ancillae suae, ecce enim ex hoc benedictam me dicent omnes generationes,* que viene a significar: porque el Señor comprendió la humildad de ésta su sierva, me llamarán todas las gentes bienaventurada. Y así fue, porque nunca, antes ni después, logró mujer alguna ser tan bienaventurada, pues ella, por sus bondades y particularmente por su gran humildad, mereció ser madre de Dios, reina de los cielos y de la tierra, y señora de los coros celestiales.

Al monarca que era soberbio le sucedió muy contrariamente: un día se le antojó ir a los baños y marchó hacia ellos orgullosamente, acompañado por su séquito. Una vez en el baño, hubo de desnudarse y dejar sus vestiduras en la antesala. Estando en eso, nuestro Señor envió un ángel al baño, el cual por deseo de Dios tomó la figura del rey, abandonó el sitio, vistiéndose con las ropas del monarca y, encaminándose al alcázar con todo su acompañamiento, dejó en la puerta del baño real sólo unas vestiduras muy ordinarias y despedazadas, como las de los pobrecillos que piden de puerta en puerta.

El rey, que permanecía dentro del baño sin saber nada, al tiempo de salir, llamó a sus camareros y acompañantes. Por mucho que les solicitó, ninguno respondió, pues todos se habían ido, pensando que, efectivamente, iban con el rey. Al ver éste que nadie le contestaba, se enfureció grandemente y empezó a jurar que a todos les mataría cruelmente. Considerándose escarnecido, abandonó desnudo el baño, creyendo que encontraría alguno de los suyos para ayudarle a vestirse. Una vez llegado al sitio donde esperaba encontrar a sus súbditos, se halló con que no había nadie. Empezó a mirar por uno y otro lado y no encontró a quien decir ni una palabra.

Andando así preocupadísimo, sin saber que hacer, encontró esas ropillas rotas y ordinarias en un rincón y decidió vestirlas para irse escondidamente a palacio, donde se vengaría cruelmente de todos los que le habían afrentado. Ya vestido, se encaminó ocultamente al alcázar y, al llegar, encontró a la entrada a uno de sus porteros, muy conocido de él, y que le había acompañado al baño. Le llamó muy despacio y le dijo que, al abrirle, le dejase entrar muy disimuladamente para que nadie le viera en ese estado.

El portero armado de espada y de maza excelentes, le preguntó quién era, que semejantes palabras pronunciaba.

–¡Ah, traidor! –respondió el monarca–, ¿no es suficiente con el escarnio que me hicisteis al dejarme solo en el baño y obligarme a venir como llego? ¿No eres tú fulano y no te das cuenta de que soy el rey, tu señor, al que abandonaste en el baño? Ábreme la puerta antes de que venga alguno que pueda conocerme; si no, ten la seguridad de que te mataré cruelmente.

–Hombre loco y miserable –le respondió el portero–, ¿qué dices? Sigue tu camino y no prosigas en estas locuras; de otro modo, te castigaré como a los locos, pues el rey hace largo rato que llegó del baño y todos le acompañábamos. Ya comió y duerme, de modo que guárdate de despertarle con el ruido que haces.

Cuando el rey oyó esto, creyendo que era otra burla, se enfureció tanto, que se le echó encima, queriéndole tomar por los cabellos. Al ver esto el portero, no quiso darle un mazazo, de modo que le golpeó fuertemente con el mango, haciéndole salir mucha sangre. Cuando el rey se sintió herido y vio la espada y la maza del portero, como él no tenía arma alguna para atacarle, ni siquiera para defenderse, pensó que estaba loco y si le decía algo más le mataría, por lo cual determinó irse a casa de su mayordomo y esconderse de todos aquellos que tanto le habían deshonrado.

Si en la portería le fue tan mal, mucho peor le ocurrió en casa del mayordomo, por lo cual se dirigió, lo más ocultamente que pudo, a las habitaciones de la reina, su mujer, pensando en que todos estos males le venían, con seguridad, porque sus súbditos no le reconocían. Estaba seguro de que, aun cuando todo el mundo le desconociera, nunca ocurriría eso con su esposa. Llegado ante ella, le relató cuánto mal le habían hecho, y le aseguró ser el rey; ella, recelando que si el rey, ya en palacio, supiese que escuchaba tales palabras, se molestaría mucho, ordenó apalearle y que después echasen de palacio al loco que tales tonterías afirmaba.

El desventurado rey, al verse tan despreciado, no supo qué hacer y se asiló en un hospital, malherido y magullado, durante muchos días. Cuando el hambre le aquejaba, iba pidiendo de puerta en puerta y la gente se burlaba de sus afirmaciones, diciéndole que cómo podía andar tan miserablemente, siendo rey del país. De este modo, pasó largo tiempo y todos los que le veían pensaban que había enloquecido de una manera que ocurre a muchas personas, las cuales creen que tienen otro estado o que son otras personas.

Viviendo así, penosamente, la bondad y piedad de Dios, que siempre busca bien para los pecadores y les conduce a caminos de salvación, obraron de tal modo que el desgraciado monarca, caído tan bajo por su soberbia, empezó a pensar que todo el mal le vino por su pecado y por esa misma soberbia; principalmente pensó que todo eso era por la alteración –hecha locamente y con vanidad– del versículo del cántico mariano, arriba indicado. Una vez que fue comprendiendo esto, comenzó a dolerse y arrepentirse tanto, que nadie lo podría expresar. Tal fue su dolor, que más le pesaban los yerros contra Nuestro Señor que la pérdida de su reino, y así pudo darse cuenta de cuánto había pecado, por lo que no hacía sino llorar y pedir a Dios la merced del perdón, sin acordarse ni desear la restitución de su reino y de su honra; todo esto ahora lo despreciaba y su único deseo era el perdón de sus pecados y la salvación de su alma.

Creedme buenamente, señor conde, que cuantos hacen romerías, ayunos, limosnas, oraciones, u otros bienes, para que Dios les de, les conserve o les aumente los bienes corporales, la honra o las dignidades, aunque yo no sostengo que hace mal, creo que si todo aquello lo realizaran para lograr perdón de sus pecados o para obtener la gracia divina –que se gana por buenas obras y buenas intenciones, sin hipocresía ni fingimientos–, sería mucho mejor, y sin duda por esto esas personas recibirían perdón de sus yerros y gracia celestial, que viene de las buenas intenciones. Lo que Dios más desea del pecador es el corazón contrito y humillado, más la sana y derecha intención.

Por todo ello, una vez que el rey, por la merced de Dios, se arrepintió de su pecado y Él vio su gran pesar y recta intención, le perdonó pronto. Porque la voluntad divina es tan grande que no se puede medir; no solamente perdonó todos los pecados del rey, sino que le devolvió sus tierras y su honra, más aumentados que nunca, para lo cual se valió de lo siguiente: el ángel que estaba en lugar del rey y había tomado su figura, llamó a un portero y le manifestó:

—Dícenme que anda por ahí un loco afirmando haber sido rey de este país y otras necedades parecidas. Dios te valga si me indicas quién es y qué cosas dice.

Ocurrió por casualidad que el portero era el mismo que hirió al rey el día del suceso del baño. Como el ángel, a quien él ya creía rey, le preguntaba lo sucedido con el loco, él le contó cómo la gente se reía y hacía bromas a costas del pobre hombre y de las cosas que sostenía. Dicho esto por el portero al rey, éste le ordenó que le hiciese llamar y le trajera. Cuando el rey que creían loco se presentó ante el ángel que estaba en su lugar, se apartó con él y le dijo:

—Amigo, me aseguran que decís que sois el rey de este país y que perdisteis el trono no se en qué mal trance y ocasión. Os ruego que me digáis, por la fe que debéis a Dios, todo tal como pensáis que es, sin encubrirme nada, y yo os prometo, de buena fe, que ningún daño os vendrá de ello.

Cuando el desgraciado del monarca que creían loco oyó decir aquellas palabras al que consideraba rey, no supo qué responder, pues, por una parte, temió le preguntara tal cosa para sonsacarle, de modo que, si afirmaba ser rey, le mandaría matar o le haría aún más desgraciado; por ello empezó a llorar con gran desconsuelo y le respondió, apenadísimo:

—No se, señor, qué responder a lo que me decís, pero, como entiendo que la muerte me sería tan buena como la vida, Dios sabe que ya no me importan los bienes ni honras de este mundo, no os quiero ocultar nada de lo que pienso. Me doy cuenta de que estoy loco y por tal me consideran todos y como loco me tratan desde hace largo tiempo. Podría ser que uno se equivocara, y yo no estuviera en verdad loco, pero todos, los buenos y los malos, los señores y los siervos, los avisados y los lerdos, me consideran trastornado. Aunque veo y comprendo que es así, estoy seguro de que fui rey de este país y que perdí el reino y la gracia divina como justo castigo por mis pecados y, especialmente, por la soberbia y orgullo que entonces tenía. Le contó con pesar y lágrimas lo que le había sucedido, tanto lo del texto que ordenó alterar, como sus otros pecados. Como el ángel, enviado de Dios, comprendió que estaba más apesarado del yerro cometido que del reino y la honra perdidos, le dijo, por mandato divino:

—Amigo, todo esto es verdad y fuisteis rey de esta tierra, reino que Nuestro Señor os arrebató, por las mismas razones que decís, y me envió a mí, un ángel, para tomar vuestra figura y vuestro lugar. Como la piedad de Dios es tan cumplida y él no quiere del pecador sino que se arrepienta verdaderamente, este prodigio ha mostrado dos cosas legítimas para que el arrepentimiento sea valedero: la primera es que el pecador se duela verdaderamente y nunca torne a su yerro; la otra, que dicho arrepentirse sea sin fingimiento. Como nuestro Señor comprendió que así es el vuestro, os ha perdonado y me mandó para que os devolviese lo vuestro y os dejase vuestro reino. Os ruego y aconsejo que, entre los pecados, os guardéis mucho del de la soberbia, pues, de las faltas humanas, ése es el que más aborrece Nuestro Señor y es el más efectivo para que el alma se pierda. Estad seguro de que nunca hubo país, linaje, dignidad o persona dominados por este pecado que no fuesen destruidos o malamente derribados.

Cuando el rey considerado loco oyó estas palabras del ángel, se prosternó ante él llorando con desconsuelo y, fuera de creérselo todo, le adoró por reverencia a Dios, cuyo mensajero era, y le solicitó que no partiera de allí hasta que todos se reunieran y él pudiera hacer público este gran milagro de Nuestro Señor. El ángel así lo hizo y cuando todos se juntaron para oír el relato de los sucesos, el ángel, por deseo divino, se dejó ver y les afirmó lo mismo.

El rey hizo cuantos desagravios pudo a Cristo y, entre otras cosas, ordenó que, para recuerdo del milagro, se escribiera, con letras de oro aquel versículo que él cambiara. He oído decir que hasta hoy día se observa eso en el reino. Terminado todo, retornó el ángel a quien lo enviara y quedaron el rey y los suyos alegres y bienandantes. De allí en lo sucesivo, el rey fue excelente para servir a Dios y beneficiar a su pueblo; realizó buenas acciones, por lo cual logró, junto con la fama terrena, la gloria del paraíso, la cual Dios quiera, por su merced; damos a todos.

Vos, señor conde Lucanor, si queréis la gracia de Dios y la fama mundanal, realizad buenas obras y, sobre todo, guardaos de soberbia y sed humilde, sin beatería ni hipocresía, pero que esa humildad sea siempre guardando vuestra dignidad, de modo que aparezcáis humilde, pero no humillado. Que los poderosos soberbios jamás hallen en vos humildad disminuida ni despreciable, y aquéllos que ante vos se humillen, encuentren en vos sencillez y buenas obras.

Al conde le agradó mucho el consejo y rogó a Dios que le encaminara a estas acciones y le permitiese cumplirlas.

Como don Juan quedó muy complacido del cuento, lo hizo poner en el libro y agregó estos versos:

A los que son humildes Dios los ensalza
y a los soberbios los golpea como maza.

Segunda parte del libro del Conde Lucanor y de Patronio

Razonamiento que hace don Juan por amor a don Jaime, Señor de Xérica.

Después que yo, don Juan, hijo del muy noble Infante don Manuel, Adelantado mayor de la frontera y del reino de Murcia, hube acabado este libro del conde Lucanor y de Patronio que habla con ejemplos, y del modo que habéis oído, según parece por el libro y por el prólogo, lo hice del modo que comprendí era más fácil de entender. Y esto lo he hecho, porque no soy muy instruido, y queriendo que no dejasen de aprovecharse de él aquéllos que tampoco lo son, hice las razones y los ejemplos que el libro contiene, lo más claros y sencillos que pude.

Y porque don Jaime, señor de Xérica, que es uno de los hombres del mundo que yo mas aprecio y, tal vez el que más, me dijo que quería que mis libros hablasen con más retórica, y me rogó que si escribía algún otro libro, que éste no fuese tan sencillo y fácil de comprender; y estoy seguro de que me dijo esto, porque es tan sutil y de tan buen entendimiento que tiene por mengua de sabiduría el hablar de las cosas muy sencilla y claramente.

Y todo lo que hasta ahora he hecho, lo hice por las razones que he mencionado más arriba, y como ahora me encuentro obligado a cumplir en esto y en todo lo que pueda su voluntad, de modo que hablaré en este libro de las cosas que creo pueden aprovechar a los hombres para la salvación de sus almas, para el aprovechamiento de sus cuerpos y para mantener y acrecentar sus honras y sus estados. Y como quiera que estas cosas no son en sí muy finas, como sería si yo hablase de la ciencia de la teología, o de la ciencia de la metafísica, o de la filosofía natural, e incluso de la ciencia de la moral, o bien de otras tantas ciencias conocidas, creo que para mí será mucho mejor y más provechoso según mi estado, hablar de esta materia más que de otra ciencia o arte. Y porque todas estas cosas de las que yo suelo hablar no son en sí muy sutiles, voy a decir con la gracia de Dios, lo que tengo que decir, pero con palabras tales que los que fueren de tan buen entendimiento como don Jaime, las entiendan bien, y aquéllos que no las entendieren, que no me culpen de ello, que yo no quería hacerla así, sino como lo hice en los otros libros; échenle la culpa a don Jaime que me obligó a esto y cúlpense los que no entienden a sí mismos porque no pueden o no quieren entender.

Y pues como al acabar este prólogo queda entendida la razón por la que escribo así este libro, de aquí en adelante trataré la materia de esta obra, y quiera Dios, por su merced y piedad que sea para su santo servicio y para provecho de los que lo leyeren u oyeren leer y que él me guarde a mí de decir cosas por las que pueda ser reprendido. Y me cuido muy bien de que, quien leyere este y los otros libros que he escrito, vea que hay pocas cosas de las que acaecen en las vidas y haciendas de los hombres, de las que yo no haya hablado en mis libros, pues no quiero repetir lo que ya dije, sino más bien, hacer de todos uno, y hacerla mucho más cumplido.

Este libro está compuesto de la manera siguiente: Patronio habla con el conde Lucanor, según veréis más adelante.

—Señor conde Lucanor —dijo Patronio—, hasta ahora os he hablado lo más clara y concisamente que pude, y porque sé que así lo deseáis, de aquí en adelante os hablaré de esa misma materia, pero no de la misma manera que en el último libro anterior a éste.

Y puesto que el otro libro está acabado, este empieza así:

—En las cosas que tienen muchas sentencias, no se puede dar una regla general.

—El más completo de los hombres es aquel que conoce la verdad y la guarda.

—Es de tontos el que deja y pierde lo duradero y lo que no tiene precio, y todo por las cosas que duran poco.

—No es de buen sentido el que se preocupa de entender con su entendimiento, lo que está sobre todo entendimiento.

—De poco sentido es el que se preocupa de lo que puede acontecerle a él y no aconteció a otros; también es de poco sentido si se preocupa de ello y no se guarda.

–¡Oh Dios, Señor Creador! ¡Cómo me maravillo de que pusisteis vuestra semejanza en el hombre necio que cuando habla yerra, cuando calla muestra lo menguado que es, cuando es rico es orgulloso, cuando es pobre no se le aprecia, si hace alguna obra, ésta no será de provecho, si no hace nada, pierde lo que tiene, es soberbio sobre el que tiene poder, y le vence el que más puede, es ligero de forzar u obligar y malo de rogar, se convida con gusto y él convida mal y tarde, pide a cualquiera y lo hace porfiando, da tarde y mal, y al hacerlo, no se avergüenza por sus yerros, y aborrece a quien le castiga, su halago es enojoso, se ensaña con denuesto! Es sospechoso y de mala clase, se espanta sin razón, recibe el esfuerzo de los demás pero no da nunca el suyo, allí donde quiere dar gusto, no hace más que dar pesares, es flaco en los bienes y recio en los males, no se molesta por cosa que le digan contra su voluntad. En triste día nació aquél que sabe de su castigo, si le acompañan, no lo agradece y los ahuyenta, nunca concierta ni en dicho ni en hecho ni yerra en aquello que no cumple, lo que dice no se entiende, ni entiende lo que le dicen siempre anda desavenido con su compañía, no tiene medida en sus placeres, ni sabe contenerse en ellos, no quiere perdonar pero quiere que le perdonen, es escarnecedor y resulta él el escarnecido, querría engañar, si supiese hacerlo, dice que tiene todo lo que alaba y que eso es lo mejor y no tiene nada, quisiera holgar y que los demás se esforzasen.

¿Qué más diré? En los dichos y en los hechos, en todo yerra, en lo demás, a sus ojos parece que es necio, y hay muchos necios que no lo parecen, pero el que lo parece lo es de veras y nunca yerra en eso.

–Todas las cosas tienen un fin, duran poco y se sostienen con gran trabajo, y se dejan con gran dolor y ninguna cosa vale para siempre, si no lo que se hace solamente por amor a Dios.

–No es cuerdo el que solamente sabe ganar la vida, pero sí lo es el que sabe servir y honrar a Dios como debe.

–No tiene buen sentido el que está pagado de dar o decir buenas frases, pero sí lo es aquel que no solamente dice cosas sino que también las hace.

–En las cosas de poca monta cumplen las buenas palabras, en las cosas de mucha fuerza o monta cumplen los buenos y provechosos hechos.

–Más le vale al hombre andar desnudo que ir cubierto de malas obras.

–Quien tiene un hijo de malos modales y que es un desvergonzado y no recibe un buen castigo, le seria mucho mejor no haber tenido nunca hijo.

–Más valdría a un hombre quedarse soltero que casarse con una mujer porfiadora.

–Es mejor estar sólo que mal acompañado.

–No se junta un buen haber con malas artes, y si se hace, no dura mucho.

–No ha de creer en hacienda ajena, quien en la suya no pone buen cuidado.

–Hay cosas que pueden ser ciertas y otras no, pero el hombre debe solamente atenerse a lo que es cierto.

–Por arrebato o por pereza el hombre yerra en muchas cosas, pero tiene gran sentido aquel que sabe guardarse de ello.

–Es sabio aquel que sabe sufrir y mantenerse en su manera de ser cuando las cosas no le salen bien.

–Vive en gran peligro y cuidado aquel que teme que sus consejeros busquen más el provecho de ellos que el suyo.

–Quien no siembra a su tiempo, no debe maravillarse si no obtiene buena cosecha.

–Todas las cosas parecen bien y son buenas, y parecen mal y son malas, y parecen bien y son malas y parecen malas y son buenas.

–Tiene mejor esperanza aquel que va por el camino derecho y no halla lo que pide, que el que va por el camino torcido y se le hace lo que quiere.

–Más le vale a un hombre alejarse de señor que no es recto, que ser su privado.

–Quien desengaña con verdadero amor, ama; quien lisonjea, aborrece.

–El que sigue más la voluntad que la razón, tiene el alma y el cuerpo en gran peligro.

–Usar más de lo que es razonable el deleite de la carne, mata el alma y destruye la fama, enflaquece el cuerpo y mengua el sentido y las buenas maneras.

–Todas las cosas están bajo medida; y la manera es el peso.

–Quien no tiene más amigos que aquellos que le siguen por lo que les da, poco le durarán.

–Es algo aborrecible aquel que quiere estar sólo, pero lo es más el que quiere estar con malas compañías.

–El que quiere enseñorearse de los suyos por medio de premios y no por buenas obras, los corazones de los suyos piden quien los enseñoree. Sea lo que fuere, es una cosa muy seria ser semejante a su linaje.

–Tal es el hombre, como son sus compañías.

–Vale más sentido común que ventura, riqueza y linaje.

–Piensan que el sentido y el esfuerzo son desiguales, y sin embargo son una misma cosa.

–Es mejor perder haciendo el bien, que ganar haciendo mal, pues el bien ayuda al bien.

–No debe el hombre fiarse de la ventura, pues al cambiar los tiempos, se cambian las venturas.

–Ni por riqueza, ni por pobreza, ni por buena andanza, ni por lo contrario, debe el hombre alejarse del amor de Dios.

–Más daño recibe el hombre del que le estorba, que provecho del que le ayuda.

–No es sabio quien se puede desembarazar de su enemigo y sólo le aleja.

–Quien no se corrige a sí mismo, no podrá corregir a los demás.

–El señor trapacero es despreciado; el valiente aborrecido, el cuerdo guardado con la regla.

–Quien por poco aprovechamiento aventura gran cosa, no tiene muy buen sentido.

–¡Qué bienaventurado es quien sabe sufrir los males y no se queja para hacer su daño!

–Si un hombre puede hacer o decir su provecho, hágalo, y si no, guárdese de decir o de hacer su daño.

–La humildad con razón es alabada.

–Cuanto más alto sube uno, tanto peor es la caída.

–La bondad del señor aparece en las obras que hace y en las leyes que pone.

–Por dejar el señor al pueblo lo que debe recibir de ellos, les quitará lo que no debe.

—Quien no hace buenas obras a los que las han menester, no le ayudarán cuándo lo necesite.

—Más vale pasar hambre que tragar bocado dañino.

—El hombre se sirve de los viles por medio de premios, y de los buenos y honrados con amor y buenas obras.

—Hay verdad buena y hay verdad mala.

—Tanto daño hace a veces la mala palabra como la mala obra.

—No se excusa de ser menguado quien hace por otros su mengua.

—Quien ama más de lo que debe, por amor será desamado.

—El mayor desconocimiento es quien no se conoce a sí mismo, pues ¿cómo conocerá a los demás?

—El que es sabio, sabe ganar perdiendo, y sabe perder ganando.

—El que sabe, hace como que no sabe, el que no sabe hace como que sabe.

—La escalera del galardón es el pensamiento, y los escalones son las obras.

—Quien no piensa en los fines, errará los comienzos.

—Cuando no se puede hacer lo que el hombre quiere, debe hacer lo que pueda.

—Quien quiere acabar lo que desea, debe desear lo que puede acabar.

—El rey rey, reina; el rey no rey, no reina, es reinado.

—Muchos nombran a Dios y hablan con Él y pocos van por sus caminos.

—Es cosa espantosa enseñar al mundo, guiar al ciego, hacer saltar al contrahecho, pero mucho más lo es decir buenas palabras y hacer malas obras.

—El que acostumbra a preparar lazos para que caigan los hombres, los prepara para los otros y él caerá en ellos.

—Se debe despreciar el castigo que impone el que no viva una vida alabada.

—¡Cuántos nombran la verdad y no andan por sus caminos!

—Bienaventurado y de buen sentido será aquél que haga caer a su contrario en el hoyo que hizo para que él cayese.

—Quien quiera que su casa se mantenga firme, que vigile los cimientos, los pilares y el techo.

–Emplear la verdad, ser fiel y no hablar de lo que no aprovecha, hacen que el hombre llegue a un alto estado.

–El mejor pedazo que tiene el hombre es el corazón, y ese mismo es el peor.

–Quien no enseña y castiga a sus hijos en el momento de la desobediencia, tendrá siempre la culpa de pecado.

–La mejor cosa que puede el hombre escoger para este mundo es la paz, sin mengua y sin vergüenza.

–Del callar viene mucho bien; ¡del hablar viene mucho mal!

–El sentido, la mesura y la razón departen y juzgan las cosas. ¡Cuán cuerdo sería quien sabe que tiene que andar largo camino y pasar fuerte puerto si aliviase la carga y disminuyese la vianda!

–Cuando el rey tiene buen sentido y buen consejo y es sabio sin malicia, es bien del pueblo; y lo contrario.

–Quien por codicia deja a los infieles en la desobediencia de Dios, no es difícil que encuentre su pago.

–Al que Dios da el vencimiento de su enemigo, debe guardarse de aquello por lo fue vencido.

–Si el hecho hace gran hecho y buen hecho y bien hecho no es gran hecho. El hecho es hecho cuando el hecho hace el hecho, es gran hecho y bien hecho, si el no hecho hace gran hecho y bien hecho.

–Por sus naturales y por batalla campal se destruyen y se conquistan los grandes reinos.

–El guiar la nave, el vencer en la lid, el dar medicamentos al enfermo, la siembra de cualquier simiente, la unión de los novios, no se pueden hacer sin sentido de hombre y voluntad y gracia especial de Dios.

–Nunca será el hombre alabado de cumplida felicidad hasta que todos sus enemigos fíen en él sus cuerpos y sus hechos; desdichado el hombre por el cual es tenido hombre si sus enemigos no se atreven a fiarse de él.

–El que escoge su morada en una tierra de la que el señor no es recto, ni fiel, y apremiador, físico y sabio y que en el cumplimiento de ello pone a sí y a su compañía, se expone a una gran aventura.

–Todo hombre es bueno, pero no para todas las cosas.

–Dios guarde al hombre de hacer hecho malo, pues para encubrirlo tendrá que hacer muchos otros malos hechos.

–Quien hace jurar al que ve que quiere mentir, tiene parte en el pecado.

–El que hace buenas obras a los buenos y a los malos, recibe bien de los buenos y es guardado por los malos.

–Por humillarse ante el rey, obedecer a los príncipes, honrar a los mayores, hacer bien a los menores, y aconsejarse con los leales, será un hombre seguro y no se arrepentirá.

–Quien se burla de la lesión o del mal que viene por obra de Dios, no está seguro de lo que le pueda acontecer a él.

–No debe el hombre alargar el bien, pues lo piensa para que no le estorbe la voluntad.

–Feo es ayunar con la boca sola y pecar con todo el cuerpo.

–Antes de escoger a los amigos, que el hombre no se fíe mucho ni se aventure por ellos.

–Del que te alaba más de la cuenta, no estés muy seguro de que no te denostará más de cuanto es verdad.

Tercera parte del libro del Conde Lucanor y Patronio

Excusación de Patronio al Conde Lucanor.

–Señor conde Lucanor –dijo Patronio–, después de que el otro libro se acabó, porque comprendí lo que vos queríais, empecé a hablar en este libro más abreviado y más oscuro de lo que lo hice en el otro. Y como quiera que en esto que os he dicho en este libro hay menos palabras que en el otro, sabed que no es menos el aprovechamiento y el entendimiento de este libro que el del otro, antes bien, es mucho mayor para quien lo estudiare y entendiere, como en el otro hay tantos ejemplos, que me figuro que ya debéis tener bastantes y me parece que haríais cosa de sentido si me dejaseis holgar de aquí en adelante.

–Patronio, dijo el conde Lucanor, sabéis que hay naturalmente tres cosas de las cuales nunca los hombres se sienten hartos y siempre quisieran tener más: la primera es saber, la otra, es la honra y el aprecio; la tercera es poseer lo bastante o necesario para toda la vida. Y porque el saber es tan buena cosa, creo que no deberéis culparme por querer tener la mayor parte que pudiere, y como sé que de nadie puedo aprender mejor que de vos, creedme que mientras viva, nunca dejaré de apremiaros para que me enseñéis todo lo que yo pudiera aprender de lo que vos sabéis.

–Señor conde Lucanor –dijo Patronio–, pues veo la tan buena razón y la tan buena intención que os mueve a esto, que os digo que quiero trabajar aún más, y he de deciros lo que entendiere de lo que hasta aquí no os dije, que aquél que lo ha de oír, sea tan cerrado de entendimiento que no lo entienda si no lo oye antes varias veces y parece que hay gusto en henchir el libro no sabiendo qué poner en él. Y lo que de aquí en adelante voy a deciros, comienza así:

–Lo caro es raro, cuesta caro, guárdase caro, acábase caro: lo bueno es bueno, cuesta mucho, se acaba y se gana mucho: lo caro es bueno, lo bueno es caro.

–Gran maravilla será si se halla fácilmente, en que fía su hecho y hace mucho bien al que erró y sin razón se alejó de aquél a quien más debía.

–Nunca debe un hombre creer que otros no se atrevan con él, con sus esfuerzos; aquél que se atreve con otros por el esfuerzo de él.

–El que quiere impedir algo a otros, no debe creer que los otros no le pongan impedimento a él.

–Por eso se mantiene el sentido común.

–El sentido da sentido al que no lo tiene.

–Sin tener sentido común, no se puede conservar el sentido.

–Tal es Dios y tales son sus hechos, que es señal de que pocos le conocen y son los que hablan mucho de Él.

–Es de buen sentido aquél que no puede al otro hacer su amigo, de no hacerle su enemigo.

–Quien trata de aprender de los hombres todo lo que saben, yerra; quien aprende lo provechoso, acierta.

–El consejo si es gran consejo es buen consejo: haz un buen consejo, da buen consejo; recibe consejo quien de mal consejo hace buen consejo: el mal consejo de buen consejo hace mal consejo.

–Un gran consejo tiene necesidad de un gran consejo.

–Gran bien es aquél del que tiene, quiere y cree buen consejo.

–Un mayor dolor hace olvidar al que no es tan grande.

–El que tiene que hablar de muchas cosas emparentadas, es como el que desovilla un gran ovillo de muchos cabos.

–Todas las cosas nacen pequeñas y crecen, el pesar nace grande y cada día mengua.

–Por honra, se recibe honra que hace honra.

–La honra se debe volver honra guardándola.

–El cuerdo, de la víbora hace triaca; y el que tiene mal la cabeza, de las gallinas saca daño.

–Quien se desespera no está seguro de volver a su tranquilidad cuando quisiere.

–No tiene buen sentido quien mengua su honra para aumentar la ajena.

–Quien hace el bien para recibir bien, no hace el bien, porque el bien es carrera del completo bien y debe hacer el bien.

–Aquello es bien que se hace bien.

–Haciendo el bien se cumple el bien.

–Emplear malas viandas y malas mujeres es el camino de poner el cuerpo, la hacienda y la fama en peligro.

–Quien se duele mucho de la cosa perdida que no se puede recuperar, y se desmaya ante la ocasión que no puede huir, no tiene buen sentido.

–Cuesta muy caro recibir dones del escaso, cuánto más pedir al avariento.

–La razón es razón de razón.

–La razón hace al hombre ser hombre, así por razón el hombre es menos; pues el hombre sin razón no es hombre, es de las cosas en que no tiene razón.

–El sufrido sufre cuanto debe y después se cobra con bien y con placer.

–La razón viene mal a los que son dobles de corazón y sueltos para cumplir los desaguisados deseos.

–Los que no creen verdaderamente en Dios, es razón que no sean por Él defendidos.

–Si el hombre es hombre, cuanto más hombre es, mejor hombre.

–Si el gran hombre es hombre de bien, es buen hombre y gran hombre; cuanto el gran hombre es menos hombre es peor hombre; no es gran hombre sino el buen hombre, si el gran hombre no es buen hombre, ni es gran hombre ni buen hombre, mejor le sería nunca ser hombre.

–Largueza en mengua, abstinencia en abundancia, castidad en mancebía, humildad en gran honra, hacen al hombre mártir sin derramamiento de sangre.

–Quien pide las cosas más altas que él, y escudriña las más fuertes, no hace buena obra.

–Es razón que el hombre reciba de sus hijos, lo que su padre recibió de él.

–Lo mucho es para lo mucho; mucho sabe, quien en lo mucho hace mucho; hace mucho por lo mucho; lo poco déjalo por lo mucho por mengua no pierde.

–Lo poco endereza lo mucho. Ten siempre el corazón en lo mucho.

–Cuanto mayor es el hombre si es verdadero y humilde, tanto hallará más gracia ante Dios.

–Lo que Dios quiso esconder no es provechoso para que el hombre lo vea.

–Por la bendición del padre se mantienen las cosas de los hijos; por la maldición de la madre se derriban los cimientos de raíz.

–Si el poder es gran poder, el gran poder tiene gran saber.

–Con gran saber y gran voluntad, sabiendo que de Dios es todo el poder, y tener poder de su gracia, con esto debe crecer su gran poder.

–Quien quiera honrarse a si mismo y a su estado, cuide que estén seguros de él los buenos y que recelen de él los malos.

–La duda y la pregunta hacen que el hombre llegue a la verdad.

–No debe el hombre aborrecer a todos los demás hombres porque tengan alguna tara, pues ninguno puede guardarse de todas las taras.

–El yerro es el yerro, del yerro nace el yerro, del pequeño yerro nace el grande, por un yerro viene otro yerro, si bien viene del yerro siempre torna en yerro, nunca del yerro puede venir nada sino el yerro.

–Quien contiende con aquél que se jacta de derecho, y de la verdad, y lo emplea, no tiene buen sentido.

–Los caballeros y el haber, son fáciles de nombrar y de perder, y difíciles de unir y más de mantener.

–El cuerdo tiene a los contrarios y a su poder en más de lo que es, y a los ayudadores y a su poder por menos de cuanto son.

–La fuerza no fuerza a la fuerza; la fuerza se deshace con la fuerza, a veces, mejor sin la fuerza; no se dice bien, la fuerza a veces presta la fuerza; donde uno no se puede excusar no es necesario probar la fuerza.

–Cuerdo es el que se guía por lo que aconteció a los que pasaron.

—Como crece el estado así crece el pensamiento; si mengua el estado, crece el cuidado.

—Con dolor no se cura la gran dolencia, pero sí con medicina sabrosa.

—El amor crece con el amor; si el amor es buen amor es amor; amor más amor no es amor; amor de gran amor hace desamor.

—Hay preocupaciones que ensanchan y otras que encogen.

—Mientras se pueda hacer, mejor es la manera que la fuerza.

—Los leales dicen lo que es, los arteros lo que quieren.

—Vida buena, vida es; vida buena vida da.

—Quien no tiene vida no da vida; quien es vida da vida.

—No es vida la mala vida.

—Vida sin vida, no es vida.

—Quien no puede tener vida, cate que haya cumplida vida.

Cuarta parte del libro del Conde Lucanor y Patronio

–Señor conde Lucanor –dijo Patronio–, porque comprendí que era vuestra voluntad y por la afirmación que me hicisteis, y porque también entendí que os movíais con buena intención, he trabajado para deciros algunas cosas más de las que os dije en los ejemplos que os conté en la primera parte de este libro, donde se encuentran cincuenta y un ejemplos que son muy sencillos y muy claros, y como después, en la segunda parte hay cien proverbios; algunos de ellos fueron ya un poco oscuros aunque la mayor parte, todavía están bastantes claros. En esta cuarta parte puse cincuenta proverbios que son mucho más oscuros que los cincuenta y un ejemplos y los cien proverbios. Y así, con los ejemplos y con los proverbios os he puesto en este libro doscientos dichos entre proverbios y ejemplos, y más; que en los cincuenta y un ejemplos primeros, encontraréis que con el ejemplo en muchos lugares hay algunos proverbios tan buenos y tan provechosos como en las otras partes de este libro en que todo son proverbios. Y os digo bien que cualquier hombre que supiese, guardase y se aprovechase de los dichos proverbios y ejemplos, le serán lo bastante para salvar el alma, guardar su hacienda, su fama, su honra y su estado. Y como tengo por cierto que sé cuanto os he puesto en este libro hay tanto que cumple para estas cosas, tengo, que si quisieres ya probar el guisado, ya deberíais dejarme descansar.

–Patronio –dijo el conde–, ya os he dicho que tengo por tan buena cosa el saber, y quisiera saber tanto, más de lo que pudiese, que por ninguna cosa he de dejar de hacer todo lo que pueda y poner todo mi poder para saber todo lo que más pudiere. Y como sé que no podré encontrar otro de quien pueda saber más que de vos, os digo que nunca, en toda mi vida, dejaré de preguntaros y tratar de saber de vos lo más que pudiere.

–Señor conde Lucanor –dijo Patronio–, pues así es y así lo queréis, tengo yo que deciros algo según lo entendiere de lo que hasta aquí no os dije, pero porque veo que todo lo que os he dicho os ha sido muy fácil de entender, de aquí en adelante os he de decir algunas cosas más oscuras, pues hasta aquí algunas han sido bastante claras. Y si más me apuráis, os he de hablar de tal manera que os convendrá aguzar el entendimiento para comprenderlas.

–Patronio, –dijo el conde–, bien entiendo que esto me lo decís con saña y con enojo por la obligación en que os pongo; pero como quiera que según mi flaco querría mejor saber que me vais a hablar en claro que en oscuro, pero tengo tantas ganas de saber, que me parece bien lo que vos me digáis, pues querría que aunque me hablaseis todo lo oscuro que os parezca, no dejéis de enseñarme algo de cuanto sabéis.

–Señor conde Lucanor –dijo Patronio–, pues si así, lo queréis, de ahora en adelante fijaos bien en lo que os voy a decir:

–En el momento presente, muchas cosas grandes, son un tiempo grandes y no lo parecen, y en el pasado, el hombre las tiene en nada.

–Todos los hombres se engañan en sus hijos, en su porte, en sus bondades y en su hablar, donde mengua el sentido es cosa grande que los grandes ajenos tengan los yerros pequeños por suyos.

–De la gran familiaridad nace el desprecio

–En las cosas que medran el señor debe ir primero y en las apresuradas el que saliere último, sin embargo hay gran peligro en que sea así. No debe un hombre hablar delante de otro muy sueltamente sin antes saber qué comparación hay entre su saber y el del otro. El mal concepto en que tuviese el otro en guardar su saber no está en el que no se debe querer callar

–No se debe el hombre tener por sabio, ni tampoco debe esconder demasiado su saber.

–No siente la salud ni su bien, siente lo contrario.

–No tiene buen sentido el señor que se quiere hacer servir o le agrada el hombre que es malicioso y mentiroso. Con más mansedumbre los sabios vencen la soberbia, que con halagos y bravura.

–Tiene buen sentido aquél que se guarda de mal avenirse con aquél sobre quien tiene poder, tanto más debe guardarse de hacerlo con el que tiene más poder que él. Apuntan que todo hombre debe alejar de sí al sabio, eso les hace con el mal malos hombres.

–Quien se mete en contiendas con el más poderoso, se pone en gran peligro, el que se mete con su igual, se mete en una aventura, y quien la toma con el que puede menos, merece el menosprecio; así lo mejor es quien puede obtener su provecho y su honra.

–El que se guía por su sentido no es alabado, y el que no se fía mucho de su sentido descubre su pobreza al que es flaco.

–Es mucho más provechoso para muchos hombres tener algún recelo que tener gran paz sin ninguna contienda.

–Gran bien es al señor no tener el corazón esforzado, y si tuviese que ser de todo corazón fuerte, el cuerpo cumple bastante el esfuerzo.

–El más completo y alabado para ser consejero es el que se guarda bien y es muerto para la codicia y de vivo entendimiento.

–Más aprovecha el tiempo para el continuado deleite, que a la hacienda el pensamiento y la alegría.

–Por fuertes ánimos, por mengua del haber, por usar mucho de las mujeres, y del vino y de los malos placeres, por ser tiránico y cruel, por tener muchos enemigos y pocos amigos, por todo esto se pierden los señoríos y la vida.

–Perdonar con facilidad al que yerra da autoridad a los hombres.

–El placer hace insípidas las viandas que no lo son: el pesar las hace sabrosas.

–Hay que tener gran fuerza para ocultar por mucho tiempo la madurez del sentido.

–Así es locura si el que tiene buen sentido se quiere mostrar como lo contrario, como también es cosa de poco sentido si el cuerdo se muestra cuerdo algunas veces.

–Por muy fuerte voluntad que se necesite para contender con su enemigo largo tiempo es cosa mucho más fuerte hacerlo consigo mismo.

–Es de buen sentido quien no quiere hacer gran obra, no teniendo lo bastante para terminarla.

—No debe un hombre encomendar a otro hombre más hechos de los que puede remediar.

Quinta parte del libro del Conde Lucanor y Patronio

Señor conde Lucanor –dijo Patronio– ya os he dicho antes muchas veces que tantos ejemplos y proverbios, algunos de ellos muy claros, y otros ya bastante más oscuros, os había puesto en este libro que creía que os irían bien y por la porfía que me hicisteis tuve que poner en este último treinta proverbios, algunos tan oscuros que será cosa maravillosa si pudieseis llegar a comprenderlos si yo o alguno de aquéllos a quienes se los he explicado no os los explican. Pero sé muy ciertamente que aquéllos que parecen más oscuros o más sin razón, en cuanto los entendieseis, hallaréis que no son menos provechosos que cualquiera de los otros que son más fáciles de comprender. Y pues hay tantas cosas escritas en este libro, unas sutiles, oscuras y abreviadas, otras, que don Juan tuvo que cumplir por dar gusto a don Jaime, os digo que ya no quiero en este libro ni más ejemplos ni más proverbios, sino que hablaré de otra cosa más provechosa.

Vos, señor conde, sabéis cuánto mejores y más nobles son las cosas espirituales que las corporales, especialmente porque las espirituales son duraderas y las corporales se han de corromper, tanto es cosa mejor y más noble el alma que el cuerpo, pues el cuerpo es cosa que se corrompe y el alma es más noble y mejor que el cuerpo, y sabéis que la cosa mejor debe ser más preciada y más guardada; de esta manera, nadie puede negar que el alma no debe ser más preciada y guardada que el cuerpo.

Y para que estén las almas guardadas hay necesidad de muchas cosas y hay que entender, que al decir guardar las almas, no se quiere decir guardarlas, sino hacer tales obras por las que se salven; pues decir guardar las almas, no se entiende que hay que meterlas en un castillo, ni en ninguna arca donde estén guardadas, solamente se quiere decir, que por hacer el hombre malas obras van las almas al infierno. Así pues, para guardarlas y que no caigan al infierno, conviene que se guarde uno de las malas obras que son carrera para ir al infierno, y guardándose de dichas malas obras, se guarda uno del infierno.

Pero, debemos saber, que para ganar la gloria del Paraíso, el hombre tiene que guardarse de las malas obras, y está obligado a hacerlas buenas, y para que con estas buenas obras el hombre pueda entrar en el Paraíso, se necesitan cuatro cosas: la primera, que el hombre tenga fe y viva en ley de salvación; la segunda, que desde que tenga uso de razón, crea toda su ley y todos sus artículos y que no dude de ninguno de ellos; la tercera, que haga buenas obras y con buena intención de ganar el Paraíso; la cuarta, que se guarde de hacer malas obras para que su alma sea guardada de ir al infierno.

A la primera, que tenga el hombre fe y viva en ley de salvación: a esta condición os digo que según la verdad, la ley de salvación es la santa fe católica según la tiene y la cree la Santa Madre Iglesia de Roma. Y podéis bien creer que es de la manera de como la tiene aquella viejecita que sentada a su puerta y al sol está hilando, que así es verdaderamente, pues ella cree que Dios es Padre e Hijo y Espíritu Santo, que son tres personas y un Dios; y cree que Jesucristo es verdadero Dios y es verdadero hombre; y que fue hijo de Dios y que fue engendrado por el Espíritu Santo en el vientre de la bienaventurada Virgen Santa María; y que nació de ella, Dios y hombre verdadero, y que ella quedó virgen cuando concibió y virgen estando preñada, y virgen después del parto; y que Jesucristo se crió y creció como otro mozo; y después que predicó, y que fue hecho preso, y atormentado y puesto en la cruz, y que allí murió para redimir a los pecadores, y que descendió a los infiernos, y que sacó de allí a los Santos Padres que sabían que había de venir y esperaban su venida, y que resucitó al tercer día; y se apareció a muchos, y que subió a los cielos en cuerpo y alma, y que envió a los apóstoles el Espíritu Santo que les confirmó y les hizo saber las Escrituras y las lenguas, y les envió por el mundo a predicar su Santo Evangelio. Y cree, que Él ordenó los sacramentos de la Santa Iglesia y que son verdaderamente así como Él ordenó, y que ha de venir a juzgarnos, y nos dará lo que cada uno mereció, y que resucitaremos, y que tendremos después la gloria en cuerpo y alma, o bien penas según nuestros merecimientos. Y ciertamente, cualquier viejecita cree esto, y eso mismo cree cualquier cristiano.

Y, señor conde Lucanor, creed bien como cierto que todas estas cosas, como las creen los cristianos, que así son, mas los cristianos no son muy sabios, ni muy letrados, las creen sencillamente como las cree la Santa Madre Iglesia, y en esta fe y en esta creencia se salvan; pero, si queréis saber cómo es, cómo puede ser y cómo debía ser, lo encontraréis lo más claro que se puede decir por dicho y por inteligencia de hombre en el libro que don Juan hizo y que llaman *De los Estados*, y trata de cómo se prueba por la razón, que ningún cristiano, ni pagano, ni hereje, ni judío, ni moro ni hombre del mundo, pueda decir con razón que el mundo no haya sido creado por Dios, y que, por necesidad conviene que Dios sea el Creador, y hacedor, y obrador de todos y en todas las cosas, y que ninguna obra en Él. Y también trata cómo puede ser y por qué razones puede ser y debe ser que Jesucristo fuese y es verdadero Dios y verdadero hombre; y cómo puede ser que los sacramentos de la Santa Iglesia tengan la virtud que la Santa Iglesia dice y cree. Y también, trata de cómo se prueba por la razón que el hombre está compuesto de alma y de cuerpo y que las almas, antes de la resurrección tendrán gloria o pena por las obras buenas o malas que hayan hecho cuando estaban unidas con los cuerpos, según sus merecimientos, y después de la resurrección tendrán juntos el cuerpo y el alma la gloria; y que así como juntos hicieron el bien o el mal, así juntos también tengan el galardón o la pena.

Y, señor conde Lucanor, en esto que os he dicho que encontraréis en aquel libro, os digo bastante de las dos primeras cosas que convienen a la salvación de las almas, que son: la primera, que haya hombre y viva en ley de salvación; y la segunda, que crea toda su ley y todos sus artículos y que no dude de ninguno de ellos. Y porque las otras dos, que son: cómo puede y debe el hombre hacer buenas obras para salvar el alma y guardarse de hacer las malas para evitar las penas del infierno, como quiera que en ese mismo libro trata de esto bastante cumplidamente, pero, porque esto es de tanta necesidad de saber y de hacer tanto, y porque a lo mejor algunos leerán este libro y no el otro, quiero yo hablar aquí de esto; es muy cierto que no podré decir todo lo que sería menester, pero, sin embargo, diré según mi poco saber lo que

Dios me incline a decir, y quiera Él por su bondad que yo diga lo que fuere para su servicio y para el aprovechamiento de los que lo leyeren u oyeren.

Pero antes de que hable de estas dos maneras –cómo se puede y debe el hombre guardar de hacer malas obras, para evitar las penas del infierno, y hacer las buenas para ganar la gloria del Paraíso–, diré un poco cómo es y cómo puede ser que los Sacramentos sean verdaderamente así cómo lo entiende la Santa Iglesia de Roma. Y lo diré aquí, porque en el libro de don Juan no habla de ello tan claramente.

Y hablaré primero del sacramento del cuerpo de Dios; del sacramento de la hostia, que se consagra en el altar y del comienzo de éste, porque es el más difícil de creer de todos los sacramentos y probándose éste con buena y derecha razón todos los otros se prueban. Y con la gracia de Dios, en cuanto este haya probado, probaré lo mismo los otros con buena razón, que todo hombre aunque no sea cristiano, si tiene en sí razón y buen entendimiento, comprenderá –como se prueba con razón– que para los cristianos no hace falta comprender a la razón, estando obligados como están a creerlo ya que es verdad y lo cree la Santa Iglesia y aunque esto ya lo sepan, no les hace daño saber estas razones, que ya en el libro más arriba nombrado se prueba por razón, que forzosamente hemos de creer y saber que Dios es creador y hacedor de todas las cosas y ninguna obra en Él. Y además, esta probado que Dios creó al hombre y que no fue solamente creado por su naturaleza, sino que Dios lo creó por su propia voluntad; y además, que lo creó compuesto de cuerpo y alma que es cosa corporal y espiritual, y que está compuesto de cosa duradera que es el alma y de cosa que se ha de corromper, que es el cuerpo, y que para ambas hay glorias o pena, por lo que convenía que Dios fuese Dios y hombre; y todo esto se demuestra muy claramente en el libro ya nombrado.

Y pues está probado que Jesucristo fue y es verdaderamente Dios, y Dios es todo poder completo, no puede nadie negar que el sacramento que Él ordenó, no lo sea y que no tenga aquella virtud que Él puso en el sacramento: pero que si alguno dijere que esto hace daño a la fe y que él no quiere tener fe sino en lo que se muestra por la razón, yo digo, que además de las muchas razones que los santos y los doctores de la Santa Iglesia ponen, esta otra razón:

Es cierto que Nuestro Señor Jesucristo, verdadero Dios y verdadero hombre, sentándose el jueves de la cena a la mesa con sus Apóstoles, sabiendo que al otro día debía ser el sacrificio de su cuerpo, y sabiendo también que los hombres no podían salvarse del poder del demonio –en cuyo poder habían caído por el pecado del primer hombre, y que no podían ser redimidos si no por el sacrificio que de Él se tenía que hacer–, quiso por su gran bondad sufrir tan gran dolor como sufrió en su pasión, y por aquel sacrificio que fue hecho de su cuerpo, fueron redimidos todos los santos que estaban en el Limbo, pues nunca hubieran ellos podido ir al Paraíso sino por medio del sacrificio que se hizo del cuerpo de Jesucristo; y lo mismo pasa con los Santos y los Doctores de la Santa Iglesia, y es verdad que tan grande es el bien y la gloria del Paraíso que nunca ningún hombre lo hubiera podido alcanzar, si no es por la pasión de Jesucristo, y por los merecimientos de Santa María y de los otros Santos. Y por aquella santa y provechosa Pasión fueron salvados y redimidos todos aquellos que hasta entonces estuvieron en el Limbo y serán también redimidos todos los que murieren y acabaren rectamente en la santa fe católica. Y porque Jesucristo, según hombre había de morir, y no podía quedarse en el mundo y era Él verdadero cuerpo por el que los hombres tenían que ser salvados, quiso dejarnos su verdadero cuerpo por el que los hombres podían salvarse, nos quiso dejar su cuerpo verdadero, completo, como Él lo era, en que se salvasen todos los rectos y verdaderos cristianos; y por esta razón tomó el pan y bendíjolo, y lo partió y lo dio a sus discípulos y dijo: «Tomad y comed, pues este es mi cuerpo», y después tomó el cáliz y dio gracias a Dios y dijo: «Bebed de este cáliz, pues esta es mi sangre»; y allí ordenó el sacramento de su cuerpo. Y debéis saber, que la razón por la que dicen que tomó el pan y lo bendijo, y lo partió es ésta: cada vez que Jesús bendecía el pan, luego partía el pan tan igual como si lo partiese con el más afilado cuchillo que pudiera existir. Y por esto, dice el Evangelio, que los Apóstoles le reconocieron después que resucitó, –en el partir del pan–, pues por partir el pan de otra manera, como todos lo parten, no tenía la Santa Escritura que hacer mención del partir del pan, pero lo hace, porque Jesucristo partía siempre el pan mostrando cómo lo podía hacer de modo tan maravilloso.

Y de esta manera dejó este santo sacramento porque quedase en recuerdo suyo. Y así se prueba que Jesucristo es verdadero Dios, y así como Dios pudo hacer todas las cosas, es también cierto que hizo y ordenó este sacramento, y nadie puede decir con razón que no lo debía ordenar como lo hizo; y que no tiene cumplidamente la virtud aquella que Jesucristo, verdadero Dios, puso Él mismo en él.

Y además, el bautismo, todo hombre que tenga buen entendimiento, por razón debe entender que este sacramento tenía que instituirse y era una gran necesidad, pues bien entendéis vos que como quiera que el casamiento es hecho por mandato de Dios, y es uno de los sacramentos; pero, porque en la manera de la engendración no se puede evitar un deleite, desgraciadamente no tan ordenado como sería menester, por lo cual todos los que nacieron y nacerán en engendramiento de hombre y de mujer, nunca fue ni será nadie excusado de no nacer en el pecado de este deleite. Y a este pecado llamó la escritura pecado original, que quiere decir según nuestra manera de hablar, pecado de nacimiento; y porque ningún hombre que esté en pecado puede ir al Paraíso, fue la merced de Dios de dar un modo de limpiarse de este pecado; y para limpiarlo, Nuestro Señor Dios ordenó en la primera ley la circuncisión; todo el tiempo que duró aquella ley, se cumplió aquel sacramento, y para que entendáis que todo lo que en aquella ley fue ordenado, fue todo como figura o representación de esta santa ley que ahora tenemos, debéis pues entender señaladamente en este sacramento del bautismo, que en otro tiempo circuncidaban los hombres, y en esto se ve que esta figura tenía que ser de otra manera, pues sólo se circuncidaba a los varones, y si sólo por esta ceremonia se podía uno salvar, las mujeres que no podían recibir este sacramento, tampoco podían quedar limpias del pecado original. Y así debéis comprender que la circuncisión fue la figura de la limpieza que se había de ordenar en la santa fe católica, que Nuestro Señor Jesucristo ordenó como Dios. Y cuando Él ordenó este santo sacramento quiso ordenarlo habiendo recibido en sí el sacramento de la circuncisión; dijo que Él no había venido a menguar o a deshacer la ley sino para cumplirla, y cumplió la primera ley en la circuncisión, y la segunda ordenada por Él, también, recibiendo el bautismo de otro, como lo recibió de San Juan Bautista.

Y para que entendáis que el sacramento del bautismo que Él ordenó para limpiar el pecado original, deteneos a pensar en él y comprenderéis con cuanta razón ha sido instituido.

Como ya he dicho más arriba, que en el acto del engendramiento no se puede evitar algún deleite, contra este deleite conviene tener alguna cosa no muy limpia, se pone uno de los elementos que es el más limpio, y especial para limpiar, pues la mayoría de las cosas que no están limpias, todas se limpian con agua; además, al bautizar a la criatura se dice: «Yo te bautizo en el nombre del Padre y del Hijo y del Espíritu Santo», y la meten en el agua. Así pues veis que este sacramento es hecho con razón, pues en diciendo «yo te bautizo en el nombre del Padre y del Hijo y del Espíritu Santo», allí mismo dice y nombra toda la Trinidad y muestra el poder del Padre y el saber del Hijo y la bondad del Espíritu Santo; y dice que por estas tres cosas, que son Dios y en Dios, quede limpia aquella criatura de aquel pecado original en que nació; y la palabra llega al agua que es el elemento y se hace el sacramento. Y este mandato de este santo sacramento que Jesucristo ordenó es igual y completo, pues también lo pueden recibir y lo reciben tanto las mujeres como los hombres. Y así pues este sacramento es tan necesario, y fue ordenado con tanta razón, y lo ordenó Jesucristo, que lo podía ordenar así como verdadero Dios, no hay hombre del mundo que pueda decir con razón que este sacramento santo no sea tal y tan completo como lo entiende la Santa Madre Iglesia de Roma.

Y en cuanto a los otros cinco sacramentos que son: penitencia, confirmación, casamiento, orden, postrimera unción, con gusto os diría tantas y tan buenas razones en cada uno de ellos que comprenderíais que eran bastante; pero déjolo por dos cosas: la una, para no alargar mucho el libro; la otra, porque sé que vos y cualquiera que esto oiga, comprenderá que con tanta razón se prueba lo uno como lo otro.

Y como ya está acabada esta razón, como la he podido acabar, volvamos a hablar de las dos maneras en cómo se puede y debe el hombre guardarse de hacer malas obras y así guardarse de ir a las penas del infierno, y podrá hacer y hará buenas obras para la gloria del Paraíso.

Señor conde Lucanor, según se ha dicho más arriba, sería cosa muy seria poner por escrito todas las cosas que el hombre debería hacer para evitarse el ir a las penas del infierno y para ganar la gloria del Paraíso, pero, si alguno quisiera decirlo abreviadamente, podría decir que para esto no ha menester nada más sino hacer el bien y evitar el mal. Y esto sería gran verdad, y como también sería, como algunos dicen de gran verdad y de poco sentido, y así conviene que —pues me decidí a tan gran atrevimiento de hablar en hechos, lo que comprendo que no me pertenece dada la pequeñez de mi saber— que diga cómo se pueden hacer estas dos cosas; además, digo así: que las obras que el hombre ha de hacer para obtener por ellas la gloria del Paraíso lo primero conviene que las haga estando en estado de gracia. Y debéis saber, que el estado de gracia es cuando el hombre está en verdadera penitencia, pues todos los bienes que hace el hombre no estando en verdadera penitencia, no le hacen ganar la Gloria del Paraíso, y es de razón y de derecho, pues el Paraíso donde se puede ver a Dios y se puede tener la mayor gloria, no hay razón ni derecho que eso lo gane un hombre que está en pecado mortal, pero lo que el hombre gana por ellas es que esas buenas obras le llevan hacia la verdadera penitencia y esto es un bien muy grande. Además, le ayudan a obtener los bienes de este mundo para tener salud, honra y riqueza y las demás bienandanzas del mundo. Y estando en este bienaventurado estado, las obras que el hombre tiene que hacer para alcanzar la gloria del Paraíso, son así como limosnas, ayuno, oración, romería, y todas las obras de misericordia, pero para que el hombre por todas las dichas buenas obras obtenga la gloria del Paraíso, es menester que se hagan de tres maneras: lo primero que el hombre haga obra buena, lo segundo que la haga bien, y lo tercero que la haga por su voluntad. Y, señor conde Lucanor, como quiera que esto se puede bastante bien entender, pero para que sea más fácil aún, vaya decíroslo más claramente.

El hacer el hombre buena obra es todas las cosas que el hombre hace por Dios, pero es también necesario que se haga bien, esto es, que se haga con buena intención, no por vanagloria, ni por hipocresía, ni por otra intención, sino solamente por servicio de Dios: además que lo haga voluntariamente, es decir que cuando hubiere de hacer alguna obra, que la escoja a su gusto si es aquella obra buena o no, y en cuanto que viere que es una buena, la escoja porque es buena y deje la otra que él entiende que es mala. Y haciendo el hombre estas buenas obras y de esta manera, hará las obras que el hombre debe hacer para alcanzar la gloria del Paraíso; pero, si el hombre hace una buena obra, pero la hace por vanagloria o por hipocresía o por tener fama en el mundo, aunque sea buena, no la hace bien, pues su entendimiento se da bien cuenta que no es aquello lo mejor, ni la intención es la recta y verdadera. Y a este hombre le sucederá lo que le sucedió al senescal de Carcasona, quien encontrándose en trance de muerte hizo muchas buenas obras, pero no las hizo con buena ni recta intención, no le ayudaron a ir al Paraíso y fuese al infierno, Y si quisiereis saber como sucedió esto, del senescal, lo encontraréis en este libro en el capítulo XL.

Además, para guardarse el hombre de las obras que puede hacer para ir al infierno, es necesario que se guarde de tres cosas: lo primero que el hombre no haga mala obra; lo segundo que no la haga mal, y lo tercero que no la haga por escogimiento; pues no puede el hombre hacer cosa que sea del todo mal sino haciéndolo así: que sea mala obra, que se haga mal y que la escoja sabiendo que es mala, y entendiendo que es tal hacerla a sabiendas, pues no siendo estas tres cosas, si falta alguna condición, no sería la obra mala del todo; pues, aunque la obra fuese mala, y escogiéndola por ser mala, no será mala si no estuviese mal hecha, no haciéndola del todo mal: pues como la obra no sería buena por ser buena en sí, si no porque estuviese bien hecha y con voluntad, aunque la obra fuese en sí mala, no lo sería del todo si no fuese mal hecha. Y de la misma manera como os lo digo con el ejemplo del senescal de Carcasona que hizo buena obra, pero como no la hizo bien no mereció ni tuvo ningún galardón por ella, y también os daré otro ejemplo de un caballero que sin quererlo mató a su señor y a su padre: pues aunque hizo mala obra, no la hizo ni mal ni por su gusto, no obró mal ni mereció castigo por ello ni lo hubo. Y porque en este libro no está contado este ejemplo, lo voy a contar aquí, y no cuento el del senescal, porque como ya he dicho antes, se encuentra en el capítulo XL.

Aconteció de esta manera: un caballero tenía un hijo que era muy buen escudero. Y como el señor con quien su padre vivía, no se preocupó porque el escudero pudiese quedarse con él, tuvo el escudero que irse con otro señor con quien pudiese vivir. Como el escudero era muy bondadoso, y le servía muy bien, muy poco tiempo después le hizo caballero. Y así llegó a muy buen estado. Y como las cosas y los hechos del mundo duran poco en un mismo estado, sucedió que hubo desavenencia entre los dos señores con quienes vivían el padre y el hijo y tuvieron una contienda.

Tanto el padre como el hijo, cada uno estaba con su señor y como las aventuras suceden en las lides, aquí sucedió que el padre del caballero se encontró con el señor a quien servía su hijo y con quien peleaba su señor y queriendo servir a su señor, y entendiendo que si le mataba, su señor tendría más gloria y más honra, se fue contra él tan reciamente que los dos cayeron en tierra. Y estando ya a punto de cogerle y matarle, su hijo que andaba cuidando a su señor y sirviéndole en todo lo que podía, en cuanto vio a su señor en tierra, conoció que quien le tenía era su padre.

Tuvo un gran pesar, eso no hay que ponerlo en duda, pero, doliéndose del mal de su señor comenzó a dar grandes voces a su padre y a decirle, llamándole por su nombre, que dejase a su señor, pues aunque él era su hijo, era también el vasallo de aquel señor que él tenía por tierra, y que si no le dejaba, que estuviese seguro de que le mataría.

Y el padre, porque no le oyó o por que no lo quiso hacer, no le dejó. Y en cuanto el hijo vio a su señor en tal peligro y que su padre no quería soltarle acordándose de la lealtad que debía demostrar, olvidó y dejó de lado el parentesco y la naturaleza de su padre; comprendió que si no se daba prisa y con los caballos que pudiesen llegar antes que él, su señor sería muerto: siguió así a caballo, llamando a su padre por última vez y dándose a conocer. Y viendo que de ningún modo lo quería dejar, fue tanta la pena, el pesar y la rabia que sintió al ver a su señor, que dio tan gran golpe a su padre por la espalda, que le atravesó todas las armaduras y todo el cuerpo. Y tan grande fue aquel malaventurado golpe, que atravesó también a su señor como a su padre, y murieron ambos.

Además, otro caballero de parte del señor que había muerto, había a su vez matado al señor contrario. De esta manera aquella lid fue mala y ocasionada por todas partes.

En cuanto todo pasó y el caballero supo la desventura de haber matado a su padre y a su señor, se dirigió a la casa de todos los reyes y de todos los señores de aquellas comarcas, y llevando las manos atadas y una soga a la garganta, contó a todos lo que había pasado: dijo que si un hombre merecía la muerte de traidor por matar a su padre y a su señor, la merecía él; y que les pedía como favor, que cumpliesen en él lo que hallasen que merecía, pero que si alguno dijese que los había matado por ganas de hacer traición, que él se salvaría si ellos hacían lo que debían.

Y cuando los reyes y los señores se enteraron de cómo había ocurrido el hecho, decidieron que aunque había sido todo muy desgraciado, él, sin embargo, no había hecho cosa que mereciese tener ninguna pena, antes bien, le apreciaron mucho y le hicieron grandes favores por la lealtad que había mostrado al herir a su padre para salvar a su señor. Y todo esto fue porque aunque él hizo mala obra, no la hizo mal, ni por ganas de hacer el mal.

Y así, señor conde Lucanor, debéis entender con estos ejemplos la razón como las obras para que el hombre pueda ir al Paraíso deben ser buenas, y bien hechas, y por voluntad. Y las que llevan al hombre al infierno conviene que sean malas y mal hechas, y hechas a propósito; y estas condiciones de bien hechas o mal hechas están en la intención; pues dijo el poeta: *Quicquid agant hómines intentio judicat omnes*, que quiere decir, que sea lo que fuese lo que hagan los hombres, serán juzgados por la intención con que lo hicieren.

Ahora, señor conde Lucanor, os he dicho las maneras de cómo yo entiendo para que el hombre vaya a la gloria del Paraíso y sea guardado de ir a las penas del infierno. Y todavía para que comprendáis cuánto se engaña el hombre al fiarse del mundo, en tomar lozanía, ni en la soberbia, ni en su mancebía, ni en ninguna buena andanza que en el mundo pueda haber, tengo que hablaros un poco de dos cosas para que entendáis que todo hombre de buen entendimiento debería hacer esto que yo digo.

La primera: qué cosa es el hombre en sí; y el que de esto se cuidare, entenderá que el hombre no se debe apreciar mucho a sí mismo. La otra: qué cosa es el mundo y cómo pasan los hombres por él, y qué galardón les da por lo que hacen por él; quien de todo esto se preocupare, y si es de buen entendimiento, comprenderá fácilmente que no debe hacer por el mundo cosa que le haga perder el otro mundo, que es duradero y sin fin.

La primera, qué cosa es el hombre en sí; ciertamente que tengo por muy grave el decir de todo esto, pero, por la gracia de Dios, os voy a decir tanto que sea lo suficiente para que comprendáis lo que quiero daros a entender.

Creed bien, señor conde, que entre todos los animales que Dios creó en el mundo, ni aún en los corporales, no crió a ninguno ni tan completo ni tan menguado como el hombre. Y el cumplimiento que Dios puso en él, no es sino porque le dio entendimiento y razón y libre albedrío, porque quiso que estuviese compuesto de alma y de cuerpo; pero, de esto ya no os hablaré más, que ya lo he puesto en otros lugares, bastante cumplidamente, es decir en otros libros que hizo don Juan; pero, tengo que hablaros de las menguas y vilezas que el hombre tiene en sí, en cosas, tanto como otros animales, y en otras cosas, más que ningún otro animal.

Sin duda la primera vileza que el hombre tiene en sí, es la manera de cómo se engendra, tanto por parte del padre como de la madre, y además la manera cómo se engendra. Y porque este libro está hecho en romance —que lo podrán leer muchas personas, lo mismo hombres que mujeres, los cuales sentirían vergüenza al leerlo y aún más, que no tendrían por muy libre de torpeza al que lo mandó escribir—, por lo tanto no hablaré de ello tan claramente como podría, el que lo lea, si no es muy corto de entendimiento, entenderá bastante lo que a esto cumple.

Además, después que es engendrado en el vientre de su madre, no se gobierna a sí mismo sino por cosas tan bajas, que no pueden estar en el cuerpo de la mujer, sino cuando está preñada. Por esto, Dios quiso que naturalmente hubiese en las mujeres aquellos humores bajos de los cuerpos, con los que se formasen las criaturas; hay además el lugar en que están, tan cercado de males húmedos y corrompidos, separado de ellas por una telilla muy delgada que Dios crió y que está entre el cuerpo de la criatura y aquellas porquerías, de no ser por la telilla, la criatura no podría en manera alguna vivir.

También conviene que sufra muchos trabajos mientras está en el vientre de su madre. Y además, como al cabo de los siete meses es todo un hombre cumplido y no quiere más de aquellos humores bajos de los que se formaba, en cuanto no tiene más necesidad de ellos, por la mengua que siente, se queja; y si es tan recio que puede quebrantar aquellas telas de que está cercado, no se queda más en el vientre de su madre. Y éstos son los que nacen a los siete meses y pueden tan bien vivir como si hubiesen nacido a los nueve, pero si entonces no pueden romper aquellas telas de que está cercado, queda cansado y doliente por el gran trabajo que hizo, y todo el octavo mes se queda flaco y menguado de fuerzas. Y si nace en aquel octavo mes, de ninguna manera puede vivir. Pero en cuanto entra en el noveno mes, como ha pasado un mes completo esta ya descansado y ha recobrado su fuerza, en cualquier momento en que nazca durante el noveno mes y por las razones ya dichas no debe morir; pero cuanto tomare del noveno mes, tanto mas sana y segura es su vida. Y aun se dice que puede tomar hasta diez días del décimo mes, y los que a este tiempo llegan son muchos más fuertes y más sanos, aunque son también mucho más peligrosos para sus madres. Y así podéis muy bien entender, que por cualquiera de estas maneras, por fuerza ha de sufrir muchas maldades y muchos enojos y muchos peligros.

El peligro y preocupación que pasa en su nacimiento, de esto, no he de hablar, pues no hay hombre que no sepa que es una muy grande maravilla. Además, como en cuanto nace la criatura no tiene entendimiento para saber hacerla por sí mismo. Sin embargo Dios nuestro Señor quiso que naturalmente todas las criaturas hagan tres cosas: una es llorar; la otra, es que tiemblan; la otra es que tienen las manos cerradas. Por el llorar se entiende, que vienen a morada en la que han de vivir siempre con pesar y con dolor y que la han de dejar aún con mayor pesar y con mayor dolor. Por temblar se entiende, que vienen a morada muy espantosa, en la que siempre han de vivir con grandes espantos y con grandes recelos, de la que es cierto han de salir aún con mayor espanto. Por el cerrar las manos se entiende, que vienen a morada en la que han de vivir siempre codiciando más de lo que pueden haber, y que nunca pueden en ella tener ninguna felicidad completa.

Además, en cuanto el hombre ha nacido, tiene por fuerza que sufrir muchos enojos y mucha maldad, pues aquellos paños con que los han de cubrir para resguardados del frío y de la calentura, y del aire, en comparación del cuero de su cuerpo, no hay paño ni cosa que a él llegue, por blanda que sea, que no le parezca tan áspero como si fuese todo de espinas. Aún más, porque no tienen ellos entendimiento, ni sus miembros están en condición, ni tienen fuerza para hacer sus obras como deben, no pueden decir ni siquiera dar a entender lo que sienten. Y aquéllos que los guardan y los crían, creen que lloran por una cosa, y por casualidad ellos lloran por otra, y todo esto les sienta muy mal y les aqueja mucho. Y también, en cuanto que comienzan a querer hablar, pasan muy mala vida, pues no pueden decir nada de cuanto quieren, ni les dejan hacer cosa alguna de su voluntad, así que en todas las cosas han de hacer a la fuerza y contra su voluntad.

Después, cuando ya van entendiendo, aunque su entendimiento todavía no está completo, codician y quieren siempre lo que no les aprovecha, o lo que por ventura les es dañino. Y los que los tienen en su poder, no se lo consienten, y les obligan a hacer todo lo contrario de lo que ellos quieren, porque de todas cosas que nos enfadan, no hay nada peor que lo que se refiere a contrariar la voluntad de uno, por lo que pasan ellos por gran enojo y gran pesar.

Después, en cuanto son hombres, y tienen completo su entendimiento, unas veces por las enfermedades, otras por ocasiones y por pesares, y también por los daños que les vienen, pasan siempre grandes recelos y grandes enojos. Y que ponga cada uno la mano sobre su corazón, si quiere decir verdad, hallará fácilmente que nunca pasó día en que no tuviese más enojos y pesares que placeres.

Luego, en cuanto va entrando la vejez, ya esto no hay que decido, pues también su cuerpo mismo como todas las cosas que ve, le causan enojos, ya veces hasta todos los que le ven le toman enojo también. Y cuanto más dura la vejez, tanto más crece y dura todo esto, y al final de todo llega la muerte de la que no se puede excusar, y ella le hace salir de sí mismo y separarse de todas las cosas que quiere bien, y todo con gran pesar y mucho quebranto.

Esto nadie lo puede evitar y nunca se puede encontrar buen tiempo para la muerte; pues si se muere hombre mozo o mancebo, o viejo, en cualquier tiempo siempre la muerte le es cruel y muy fuerte para sí mismo y para los que le quieren bien. Y si muere pobre o enfermo, es despreciado por los amigos y por los enemigos; y si muere rico y honrado, todos sus amigos tienen gran pena, y sus enemigos tienen gran alegría, que es tan malo como la pena de sus amigos. Y además al rico le sucede como dijo el poeta: *Dives divitias*, etc., que quiere decir: «Que el rico junta las riquezas con gran trabajo, y las posee con gran temor, y las deja con gran dolor.»

Y así, entenderéis que por todas estas buenas razones, cualquier hombre con buen entendimiento que se diese cuenta de todas sus condiciones, debería comprender que estas cosas no son de tal calidad que se las debe apreciar mucho.

Además de esto, según os he dicho más arriba, el hombre es más menguado que cualquier otro ser, pues el hombre no tiene cosa alguna de su propiedad, con la que pueda vivir, y todos los animales están cubiertos de cuero, o de pelos, o de escamas, o de conchas, con lo que se pueden defender del frío y de la calentura y también de sus enemigos, mas el hombre no tiene nada de esto, ni tampoco podría vivir si no se cubriese o vistiese de cosas ajenas.

Hay otra cosa, los animales, todos saben gobernarse y no necesitan que nadie les arregle sus cosas, pero los hombres no pueden vivir sin la ayuda de otros, ni pueden saber cómo pueden vivir sin que otros se lo enseñen. Y aún en la vida que hacen, no saben en ella, guardarse tan cumplidamente como lo hacen los animales, lo que les va bien para su provecho y para la salud de sus cuerpos.

Y así, señor conde Lucanor, pues que veis manifiestamente que el hombre tiene en sí tantas debilidades, daos cuenta y comprenderéis cuánto mal hace con tener soberbia y poca lozanía.

Otra cosa, que el mundo habla, se divide en tres partes: la primera, qué cosa es el mundo; la segunda, cómo pasan los hombres por él; la tercera, qué galardón les da por lo que hacen por él.

—Ciertamente, señor conde, quien quisiera hablar de estas tres maneras cumplidamente, tendría bastante materia para hacer un libro, pero como yo he hablado ya tanto, tengo recelo de que vos y los que este libro leyeren me tendrán por muy hablador o me tomaréis por ello enojo, por lo tanto, no os hablaré sino lo indispensable. Voy a poner fin a este libro y os ruego que no me obliguéis a más, pues en modo alguno os respondería a ello, ni os diría otra razón más que las que os he dicho. Y lo que ahora quiero deciros, es esto, que la primera de las tres cosas; qué cosa es el mundo, ciertamente sería gran cosa, pero lo que os diré es cómo lo entiendo y lo más brevemente que pudiera.

Este nombre del mundo, se toma del movimiento y del cambio puesto que el mundo siempre se mueve y siempre se cambia, y nunca está en el mismo estado, ni él, ni las cosas que están en él, y por esto tiene este nombre. Y todas las cosas criadas son mundos, pero él es criatura de Dios y Él le crió cuando lo tuvo por bien, y durará cuanto Él tenga por bien. Y sólo Dios sabe cuando se acabará y lo que sucederá después que se acabe.

La segunda, cómo pasar por él los hombres, sería sin duda cosa grave decirlo cumplidamente. Todos los hombres pasan por el mundo de tres maneras: una es, que algunos ponen toda su voluntad y su entendimiento en las cosas del mundo, como en riquezas y en honras, y en deleites y en cumplir sus deseos de cualquier manera que puedan, no pensando en lo otro, sino en esto, y así dicen que lo pasan muy bien en este mundo, y que del otro mundo, nunca vieron a ninguno que les dijese cómo lo pasaban los de allá. La otra manera es que todos pasan por el mundo codiciando hacer tales obras por las que tuviesen la gloria del Paraíso, pero no pueden apartarse completamente y no hacen lo necesario para guardar sus haciendas y sus estados, y hacen por ello todo lo que pueden, y también guardan su alma cuanto pueden. La tercera manera es, que otros pasan por este mundo encontrándose en él como extraños y comprendiendo que la razón principal por la que el hombre fue creado, es para salvar su alma y puesto que nacen en el mundo para esto no deben hacer otra cosa, sino aquéllas con las que mejor y más seguramente pueden salvar las almas.

La primera manera, de los que ponen toda su voluntad y su entendimiento en las cosas del mundo, son ciertamente tan engañados y obran en ello tan sin razón y es tan grande su daño y su poco sentido, que no hay hombre en el mundo que cumplidamente lo pudiese decir; pues vos sabéis que no hay hombre de mundo que diese por una cosa que vale diez marcos, ciento, que todos no dijesen que no tenía buen sentido. Pues el que da el alma que es tan noble criatura de Dios, al diablo que es enemigo de Dios, y le da el alma por un placer o por una honra que acaso no le dure dos días –y por mucho que dure, comparándolo con la pena del infierno que siempre ha de durar, no es tanto como un día–, además, que aun en este mundo aquel placer o aquella honra o aquel deleite por lo que todo esto quiere perder, es cosa cierta que le durará muy poco, pues no hay deleite por grande que sea, que en cuanto ha terminado, no de enojo, ni hay placer por grande que sea que pueda durar mucho y del que no se haya de separar el alma con gran pesar; ni honra por grande que sea, que no cueste muy cara si el hombre quisiere parar mientes en los cuidados y trabajos y enojos que tiene que sufrir por acrecentar y por mantener todo lo que posee. Y cate aquí cada uno y acuérdese de lo que le sucedió en cada una de estas cosas; si quiere decir la verdad, encontrará que todo es así, como yo lo digo.

Además, los que pasan por el mundo deseando hacer hasta lo imposible para salvar sus almas, pero que no pueden separarse de sus estados y no pueden dejar de acrecentar sus honras, estos pueden errar y pueden acertar en lo mejor; pues si guardaren todas estas cosas que ellos quieren guardar, guardando al mismo tiempo todo lo que cumple para la salvación de su alma, aciertan en lo mejor y pueden hacerla muy bien. Pues es cierto que algunos reyes y muchos grandes señores y otros de muchos estados, guardaron sus honras y mantuvieron sus estados y, al hacerla, supieron también obrar de manera que salvaron sus almas y hasta llegaron a Santos, y a tales como éstos no pudo engañar el mundo, ni les dio el galardón que el mundo suele dar a los que solamente ponen sus esperanzas en él y esos guardan las dos vidas que dicen se llaman vida activa y vida contemplativa.

Además, los que pasan por este mundo teniéndose en él como extraños y no ponen su voluntad en otra cosa sino en aquéllas, por medio de las cuales pueden mejor salvar sus almas, no hay duda alguna de que estos escogen la mejor carrera, y digo y me atrevo a decir que es cierto que éstos escogen la mejor carrera, porque de ésta se dice en el Evangelio: que María escogió la mejor parte, porque nunca le sería quitada. Y si todas las gentes pudiesen mantener esta carrera, sería sin duda alguna, la más segura y la más provechosa para todos aquéllos que la guardasen; pero, si todos hiciesen esto y todos la guardasen, sería entonces el completo desmoronamiento del mundo, y Nuestro Señor no quiere que el mundo sea completamente desamparado por los hombres, además, no se puede dejar de decir que muchos hombres no pasan por el mundo, por estas tres maneras que se acaba de decir.

Mas, Dios quiera en su infinita misericordia que todos pasemos o por la segunda o por la tercera de estas tres maneras que he dicho, y que Él os guarde de pasar por la primera; pues es una cosa cierta que jamás hubo hombre que por ella pasara y no tuviera mal fin. Y os digo que desde los reyes hasta los hombres que poseen estados menores, que nunca vi a hombre alguno que por esta manera quisiese pasar y que no tuviese mal fin para su cuerpo y que no estuviese en sospecha de que su alma iba a ir a mal lugar. Y siempre el diablo trabaja todo cuanto puede en arreglar las cosas para que los hombres dejen la carrera de Dios por las cosas del mundo, aunque al final les dé tal galardón –como cuenta este libro en el capítulo o ejemplo XLV–, como el que dio el diablo, don Martín, al que era tan amigo suyo.

Ahora, señor conde Lucanor, además de los ejemplos y de los proverbios que se encuentran en este libro, os he dicho lo bastante según mi entender, para que podáis guardar vuestra alma, y también el cuerpo, y la honra, y la hacienda, y el estado, y, loado sea Dios, pues según mi débil entendimiento, estoy seguro en mi, de que os he cumplido y os he acabado todo aquello que os prometí.

Y así, pues, en esto hago fin a este libro: y lo acabó don Juan en Salmerón, el lunes XII de los días de junio, Era de mil y CCC y LXX y tres años (1)

(1) Mil y CCC y LXX y tres años = 1373. Este año está referido a la «era española o de César», adelantada en 38 años con respecto a la cristiana, por lo que sabemos que fue terminado EL CONDE LUCANOR en 1335. Su redacción debe haberse comenzado hacia 1328.

CPSIA information can be obtained
at www.ICGtesting.com
Printed in the USA
LVHW081543100919
630593LV00009B/648/P